出産

産育習俗の歴史と伝承「男性産婆」

増補改訂版

叢書｜いのちの民俗学 1

板橋春夫
Itabashi Haruo

社会評論社

第1部 出産儀礼

第2部 産育の歴史

第3部　伝承・男性産婆

出産儀礼

出産儀礼

第1部

大学の図書館で大藤ゆき著『児やらい』の表紙が製本し直されていた。その本は、産育民俗のレポートを課せられた学生や卒論を書く学生の必読書であり、私も産育に関する授業や原稿執筆には必ず参照する一冊である。私の手元にある本は一九七七年発行とあるが、初版は戦前であり長く利用されてきたことが分かる。すり切れるほど読まれる本をいつか書いてみたいと願うのは私だけであろうか。大藤にならって身近な事例を紹介しながら出産民俗の事典的解説を試みたのが第3章「出産から学ぶ民俗」である。なお、第1章「いのちの民俗学」と第2章「通過儀礼の新視角」では、私が提唱している「いのち」の民俗学に関する考え方を分かりやすく述べてみた。

七五三の祝い　（家から神社に向かう兄弟）
昭和 34 年（1959）撮影。（群馬県みどり市大間々町）

いのちの民俗学

新しい生命過程論の模索

1 日常性の中の死

朝、目覚めたとき、「よかった、今日も生きているんだ、本当にありがたい」と感じる。これは群馬県吾妻《あがつま》郡東吾妻町大柏木《おおかしわぎ》で八十歳を越える老婦人から聞いた言葉である。「寿命」のことが話題になったときに、彼女は毎晩床に入ってから翌朝目が覚めますようにと、祈りながら目を閉じるのだと話してくれた。同様の話を石川県白山麓《はくさんろく》の山村でも聞いた。浄土真宗の村に住む老婦人は、寝る前に仏壇に手を合わせ、翌朝目が覚めると布団の中で手を合わせ「南無阿弥陀仏」と唱える。

「いのち」はいつ終わるのか。呼吸が停止し心臓が止まり瞳孔《どうこう》が開いて脈がなくなったときが一般に死と認められているが、近年はそれに脳死が加わる。これらは医学的な死の判定基準であるが、民俗儀礼からは、死を認めたくない気持ちがうかがえる。タマヨビ儀礼もその一つと考えられる。タマヨビは死者の名を呼ぶことで、死者から離れようとする霊魂を呼び戻す儀礼であるが、これはあきらめの儀礼でもあった。死後すぐに遺体を埋葬しなかったのは、蘇生《そせい》の可能性を信じていたからと思われる。

2 誕生と死の共通点

現在、お腹《なか》の大きい女性に「どこで産むの？」と聞けば、病院名をたずねる言葉である。昭和三十五年ころに同じ質問をしたとすれば、それは出産の場所、すなわち自宅か病院か、あるいは助産院であるかをたずねることを意味した。

『母子保健の主なる統計』によれば、昭和二十五年（一九五〇）の自宅出産は九五・四％、昭和三十年（一九五五）は八二・四％であった。昭和三十五年（一九六〇）に自宅出産が四九・九％、病院などの施設出産が五〇・一％になった。昭和三十五年を境に「施設分娩時代」に入ったのである。昭和四十年（一九六五）に八四％、昭和五十年（一九七五）には九八・八％が病院などの施設で出産するようになり、わずか二十五年間で誕生の場が変わってしまった。

一方、「死に場所」の変化は、戦後間もない昭和二十二年（一九四七）の統計によると九〇・八％が在宅死であり、病院死は九・二％と一割にも満たなかった。ちょうど三十年後の昭和五十二年（一九七七）に病院死が五〇・六％になり、在宅死を上回った。病院死の割合は年々高くなり、平成九年（一九九七）には病院死が七九・一％に達した。

誕生と死をみていくと、いくつか興味深い共通点を見つけることができる。まず第一に現代社会ではほとんどの人が病院で誕生し、病院で死ぬ。これは場の問題である。現代の誕生と死を考える際のキーワードは「病院」であろう。第二に、誕生と死は多くの人たちの援助や支援が必要である。かつては隣近所に住むトリアゲバアサンがボランティアで出産を手伝ってくれた。病気になると近隣の人びとが呪術的な共同祈願をし、治癒《ちゆ》することを真剣に祈った。臨終《りんじゅう》に際しては、家族はもちろん近くの親族が駆けつけて死を見守り、必要に応じて危篤《きとく》の人の名を呼び続けるタマヨビを行った。現在、誕生は産科医や助産師の手を借り、死に臨んでは必ず医師が脈を計り、亡くなればすぐに看護師が身体の清拭《せいしき》処置をしてくれる。

第三に、誕生と死は自分では時期を選べない。もちろん病院では出産予定日の調節や延命治療が行われている。そして第四に、どちらも役所へ届ける手続き方法をとる。誕生と死の問題は個人の範疇《はんちゅう》に属することであるが、その誕生と死の登録は国家が管理している。第五に、誕生と死は象徴的に「座」から「寝」に変わった。多くの地域で出産方法が座産《ざさん》から寝産《ねざん》に変わるのは昭和二十年前後であった。死の場合は湯灌《ゆかん》後に納棺《のうかん》するが、昭和三十年代には座棺《ざかん》（タテ棺とも言う）から寝棺へと変化している。

3　死のリアリティの喪失

現代社会の死の儀礼をみると、医師の診断を経て看護師が死者の身体を拭くようになり、自宅に戻ってからの改まった湯灌は不要となった。湯灌の際に逆さ水《さかみず》をして、男性は上半身、女性は下半身を拭く湯灌の作法や禁忌《きんき》も伝承されなくなる。

死に場所が病院に移り、葬儀社の関与が強くなり、各地に伝承されていた湯灌の作法は画一的な傾向をみる。家庭で湯灌が行われなくなり、その結果、湯灌に関わる民俗的知識も伝承されなくなる。死者が息を引き取ってから次第に冷たくなり死後硬直という現実を実感する機会は少なくなっている。現代人は、よほどのことがない限り死者の裸体を見ることはないし、死者の身体に触れることはない。これでは子どもたちがテレビドラマで死んだはずの人が同じ時間帯の違う番組に出ているのを観て育つのと何ら変わりない。死のリアリティが薄くなり、死の尊厳も失われてしまう。死者に触れる機会が無くなった近年では、死を身近に感じなくなっている。

かつて誕生や死が自宅中心であった時代には、「いのち」に対する臨場感は強く、人びとは常に誕生と死を身近に実感できた。しかし、現代社会における誕生と臨終の場は、病院施設がそのほとんどを占めるようになっている。それは国家政策として、あるいは時代の要請に基づいた結果であり、病院出産と病院死の著しい増加は、医学、文化、そして現代社会の変貌《へんぼう》と深く関わっているが、失われつつある誕生と死の臨場感をどのようにして私たちの心に取り戻していくのか。真剣に考えねばならない。

4 ― 二つの生命観

現代医学の発達は生命について二つの思想を生み出したと言われる。すなわち「閉じられ限定された生命体」としての生命観と「開かれ連続する生命体」という生命観である。「閉じられ限定された生命体」という考え方は、生命は個別の個体に閉じこめられており、唯一無二で代替がきかない存在であると認識されるものである。一方の「開かれ連続する生命体」という考え方は、個体の枠を超えて他の個体と理論的には無限に関連しており、決して個体に閉じこめられるものではないという生命観である（波平恵美子『いのちの文化人類学』新潮社、一九九六年）。

医学は、前者の「閉じられ限定された生命体」という生命論にその基本的な理論枠組みを置いている。つまり人間の身体を一つの完成された統合体とみなし、病気はその統合性が乱された結果と考えた。一方の「開かれ連続する生命体」は、生命は決して個体に閉じこめられないという生命観であり、伝統的な生命観の一つであるアニミズムと明確な区別ができない点も見られる。「閉じられ限定された生命体」としての生命観は、近代医学が前提としている思考であるが、この限定の方法であっても代理母の出産に関する生命倫理の問題が出てくる。十分な議論を積み重ねていくことが必要とされる。

5 ― 新しい生命過程論の構築

出産儀礼のうち、妊娠五か月目に腹帯《はらおび》を巻く儀礼は、胎児《たいじ》の社会的生存権の確認の儀礼と考えられ、「いのち」の認識・確認は、妊産婦本人が胎動《たいどう》を感じたころとするのが一般的であった。また、赤子が生まれる直前に妊産婦が産死した場合、妊産婦の腹を裂いて赤子を取り出す「身二《みふた》つ」慣行があり、生命体である胎児の生存を確認するという一面もあった。このような「いのち」の認識指標がある一方で、間引《まび》きの伝承をみていくと「生まれる前に返す」という言葉があるように、胎児が母胎を出るまでは一つの「いのち」と認知していなかったことも事実である。

生まれた赤子を見て、死んだおじいさんに似ているなどと、生まれ変わりについて語ることがある。これは家族や親族に死者の記憶が残るためであり、「いのち」が循環しているという典型例にされる。現代人にとって、このような循環的生命観は破綻《はたん》しているのだが、加齢とともにこの世からいずれ消滅するという経験的知識はいつの時代でも変わらない。多くの日本人は、誕生から葬送《そうそう》までの諸儀礼は個人の人生で完結し、「いのち」が循環しているとは捉えていないであろう。従来は「霊魂」「生まれ変わり」「再生」が通過儀礼を考える場合のキーワードであったが、これらのキーワードによらない身体観や生命観に基づいた新しい生命過程論の構築が急務である。

通過儀礼の新視角

1 通過儀礼の基本思想

人生の各段階に行われる儀礼群を、民俗学では「人生儀礼」あるいは「通過儀礼《つうかぎれい》」と呼ぶ。世間で言う「冠婚葬祭」がそれに当たる。個人の一生は誕生に始まり、成長、結婚、父母になること、厄年・年祝い、死という階梯《かいてい》を歩む。節目には儀礼が組み込まれ、その儀礼を経ることによって人びとは次の段階に進むことになる。それは個人をある特定のステータスから別のやはり特定のステータスへと通過させることが目的であり、そのために個人の人生は異なるにしても、儀礼は類似する傾向にあるとされる。個人に注目すると、ある集団から他の集団へ、ある地位から次の地位へと移行していくのであるが、なぜ次から次へと移っていかねばならないのか。これはファン・ヘネップが『通過儀礼』（弘文堂、一九七七年）で述べるように、「生きる」という事実そのものから来るものである〔ヘネップ　一九七七　三〕。

ある状態から別の状態へ、あるいはある世界から他の世界への移行に際して行われる儀礼上の連続を分類するために通過儀礼という概念が設けられた。ファン・ヘネップによれば、通過儀礼は年齢・身分・状態・場所などの変化移行に伴って、今までの位置から「分離」し、また中間の境界上にある「過渡《かと》」の状態、そして新しい位置への「統合」を表す儀礼、という三段階の儀礼群から成る。訳者の綾部恒雄が「通過儀礼の基本思想は、人の一生の歩みを動植物の発達の諸段階、大自然の季節のリズムや天体の運行というパースペクティブの中で捉えている一つの壮大な試み」と述べるように、通過儀礼には誕生と死の絶え間ない連続が存在することを予測させる。そして、通過儀礼の図式は一般的には直線的であるが、誕生から死への流れがあたかも循環する円を示す場合もあると指摘する〔ヘネップ　一九七七　二三四〕。それは日本民俗学の創始者柳田国男の民俗思想を、坪井洋文が循環的生命観として民俗学の通説にまで高めた主張でもあった。

2　循環的生命観の問題点

柳田国男『先祖の話』は、近代社会における「家」を基盤に構築された祖霊信仰論である。敗戦後の日本人の信仰と戦死者の慰霊という時代の要請を大きな課題として執筆された同書は「七七、生まれ替り」「七八、家と小児」「七九、魂の若返り」「八〇、七生報国」「八一、二つの実際問題」と続いて終わるが、柳田が最も力説したテーマは生まれ変わりであった。柳田は『故郷七十年』でも「日本人の信仰のいちばん主な点は、私は生まれ更りということではないかと考えている。魂というものは若くして死んだら、それっきり消えてしまうものでなく、何かよほどのことがない限りは生まれ更ってくるものと信じていたのではないか。昔の日本人はこれを認めていたのである」〔柳田　一九七四　四〇〇〕と日本人の信仰の問題を述べ、霊魂の問題として生まれ変わりの存在を肯定した。

坪井洋文は柳田の著作を読み込み、循環的生命観というべき学説を提示する。(1) 彼の研究に大きな影響を与えたオームス・ヘルマンは、死後の供養は儀礼として継続されるものの三十三年忌《き》の弔《とむら》い上げを境に儀礼がいったん終了し、新たな誕生儀礼とは断絶したものと考えた。そのためにオームスの生死観図（「死者の祖霊化と生者の成長過程の類比」）には三十三年忌の弔い上げ以降が空白になっている〔オームス・ヘルマン　一九八七　九六〜一〇六〕。坪井はこの空白部分を「祖霊期」とし、弔い上げと誕生をつなぐことであたかも循環しているように作図した。ここに坪井の先入観による着想の妙というべき問題点が潜んでいた。坪井学説は、死者の霊魂は祖霊化してから子孫の誕生に際し生まれ変わるという循環構造の主張であり、日本民俗学における通説として現在に至っている。坪井の示した生死観図は、個人の人生は死で完結せず、死後の供養を経て生まれ変わるという循環的体系を想定したもので、この民俗思想こそ柳田国男が生涯をかけて取り組んだ日本人の霊魂観であった。

さらに坪井学説の独創性は、循環的生命観成立の基盤が稲作の生産周期と深く関わる点に着目したことである。稲作工程は、穀霊《こくれい》誕生から穂掛《ほか》けまでの成育過程、刈り取りから収納までの成熟過程、増殖過程、予祝《よしゅく》過程という四つの過程を踏んで循環するが、生死観も成人化過程、成人期、祖霊化過程、祖霊期の四段階で構成されるとし、それが稲作工程と類似していることを発見した。坪井は日本人の生死観は稲作を母体として形成されたとする仮説を立てた。その結果、循環的生命観モデルは稲作文化論とセットで考えられるようになってしまったのである。坪井は自らの学説の呪縛《じゅばく》を感じながら、一方では通過儀礼研究の現代的意義について、論文「ムラ社会と通過儀礼」で次のように述べる。

日本民俗学には通過儀礼の研究調査において、伝統的ムラを対象とした古俗を求め、それらを成長の各段階ごとに分類し、それぞれの段階での現象の意味や祖型を求めるのが一般的であった。そのために、新しい様式の儀礼について調査し、古俗との対比をおこなって、そこから儀礼の連続性と非連続性を求めるという視点が生まれてこなかった。全国のムラを一元的にとらえて、それぞれのムラでおこなわれている通過儀礼を、段階的に整理して理念型をつくりだすだけに終ってしまうのではなく、それぞれのムラの中における独自性を問う必要があることを痛感する〔坪井　一九八四　四八四〕。

つまり坪井によれば、日本民俗学は通過儀礼研究では多くの成果をあげてきたが、日本人の生活様式に基づく儀礼の類型化に成功したとは言えないといい、日本文化は時代や場所に関わらず同質であるという前提と、その前提に基づいて民俗資料を分断して研究する体制が固定化し、地域社会における生活様式全体の中で新しい儀礼を理解する視点を失っているという重大な指摘をした。これは自らが発想した循環的生命観モデルの否定とも受け取れ、通過儀礼研究の新視角を考える上で傾聴・再考すべき発言であった。

3 新たな通過儀礼研究の兆し

私たちは坪井学説を通説として無批判に受け入れるのではなく、むしろ坪井の苦痛を感じながら批判的な吟味《ぎんみ》を加え、通過儀礼研究の新たなパラダイムを構築すべき時期に来ているのである。通過儀礼には、個人の成長段階に応じ、出産・育児・成年・婚礼・厄年・長寿祝い・葬式の各儀礼があり、これらの儀礼を産育、婚礼、葬制・墓制の三つに分類するのが一般的である。近年はこの分類に当てはまらない学際的研究論文も多数見られ、現代の少子・高齢社会を反映し、家族や高齢者をめぐる問題への関心は高い。その観点からの研究論文も増加している。私たちの人生は、常に社会経済の動向と深く関わり、村落社会における誕生と死の儀礼は、そこに住む人びとの生活と暮らしに密着していたが、都市社会における誕生と死の儀礼は日常から隠蔽《いんぺい》され、「いのち」の実感そのものが薄らいでいる。特に死に関わる通過儀礼研究は、社会状況の急速な変化への対応が求められている。まずは個別細分化された研究を大きく包括する新たな枠組みを考えねばならない。私たちは蓄積された膨大な民俗調査データを新視角から捉え直す必要に迫られていると言えよう。

そこで、まずは先行研究を瞥見《べっけん》すべく一九九〇年代以降の通過儀礼研究を概観してみる。代表的著書は、宮田登『冠婚葬祭』（岩波書店、一九九九年）で、日本人の人生観と霊魂観を探究する視点から最新の研究成果を取り入れた。通過儀礼をトータルに描いたものとしては、牧田茂『日本人の一生』（講談社、一九九〇年）以降、久々の成果である。牧田は折口信夫の霊魂観をベースに解説したが、宮田はケガレの排除に力点を置いた。宮田の霊魂安定化に関する考え方は、柳田国男（『先祖の話』）や坪井洋文（「日本人の生死観」）の学説継承であり、宮田は通過儀礼が画一化され、柳田の祖霊観では現代社会における精神世界を十分に説明できない現状を憂えた一人であったが、著書では通過儀礼の根幹にある霊魂観を解明するに留まり、現代社会との関わりには触れるところが少なく通過儀礼研究の新たな枠組みの提示には至っていない。

鈴木正崇「通過儀礼」（赤田光男・福田アジオ編『講座日本の民俗学6 時間の民俗』雄山閣出版、一九九八年）は、霊魂や他界を前提とする民俗社会の論理が崩壊しようとしている現実を踏まえ、通過儀礼を従来の農民モデルから都市民モデルへと組み替える作業の必要性を説いた。宮田と鈴木の提言は、通過儀礼が今まで農民社会を中心に考えられてきた問題点を指摘し、現実社会の変貌に対応した新しいモデル構築が急務という点で一致している。宮田も編者の一人に加わる『人生儀礼事典』（小学館、二〇〇〇年）は、この考えに基づいた新しい項目の選択と解説がなされる。八木透編『日本の通過儀礼』（思文閣出版、二〇〇一年）は、通過儀礼全体を目配り良く網羅しているが、全体を貫く枠組みは柳田の民俗思想を踏襲したものである。

ここで分野別研究について若干触れておきたい。産育《さんいく》研究では、どのような子どもを産み、育てようとしたのかが問われ、誕生後の成長過程を儀礼中心に捉えようとした。大藤ゆき『児やらい』（岩崎美術社、一九六八年）は、昭和十九年（一九四四）に初版を刊行以来、この分野における基本文献とされてきた。その後、井之口章次「誕生と育児」（大間知篤三ほか編『日本民俗学大系』四巻、平凡社、一九五九年）をはじめ、多くの研究者によって産育儀礼概説が試みられたが、その多くは生まれ変わりを基調とした循環的生命観に基づく儀礼概説に終始した。婚姻分野には、八木透『婚姻と家族の民俗的構造』（吉川弘文館、二〇〇一年）がある。通過儀礼の中に婚姻儀礼を正しく位置付け、社会構造との関連で儀礼を捉える視点を持っているので、今後この分野における研究の指針となるであろう。

葬送儀礼は死者の魂を鎮める儀礼であり、霊魂の問題と儀礼を執り行う人びとの社会関係が浮き彫りにされる。井之口章次『日本の葬式』（筑摩書房、一九七七年）、最上孝敬『霊魂の行方』（名著出版、一九八四年）、佐藤米司『葬送儀礼の民俗』（岩崎美術社、一九七一年）、新谷尚紀『両墓制と他界観』（吉川弘文館、一九九一年）などが代表的研究であり、いずれも霊魂の問題を中心に据えた分析を行っている。近年、岩田重則『墓の民俗学』（吉川弘文館、二〇〇三年）、同『「お墓」の誕生』（岩波書店、二〇〇六年）、福田アジオ『寺・墓・先祖の民俗学』（大河書房、二〇〇四年）、そして山田慎也『現代日本の死と葬儀』（東京大学出版会、二〇〇七年）が刊行された。いずれも霊魂観によらない調査研究成果であり、新しい通過儀礼研究の兆しと言える。

4 誕生と死のリアリティの喪失と民俗研究

通過儀礼研究の新視角の一つに「いのち」への眼差《まなざ》しがある。現代社会との関連で「いのち」を象徴的に考える事例として、現代は多くの人が病院で生まれ、病院で亡くなっている実態に注目したい。昭和二十五年(一九五〇)の自宅出産は九五・四%であったが、昭和五十年(一九七五)には九八・八%が病院などの医療施設で出産するようになった。わずか二十五年間で誕生の場が逆転してしまった。一方、死に場所の変化は昭和二十二年(一九四七)の統計では九〇・八%が在宅死であったが、昭和五十二年(一九七七)に病院死が五〇%を超え、現在は九〇%以上が病院死となっており、誕生も死も急激な変化が認められる。

自宅出産の時代には赤子の産声《うぶごえ》が家中に響き渡り、誕生の瞬間に家族が喜びあう姿があった。また現代における死の儀礼では、医師の診断を経て死者の身体を清拭するなど、湯灌に代わる行為が看護師によって行われる。さらに葬儀社の関与もあり、近親者による伝統的な湯灌をはじめ各種死者儀礼は希薄になった。その結果、現代人は死者に触れる機会が少なく、近親者ですら死者に触れることを忌避《きひ》する傾向が見られるようになった。

死に関わる民俗は一般に変化が緩やかであるとされ、伝統的習俗を保持していると考えられていた。しかし、一九六〇年代の高度経済成長は地域社会に大きな変動をもたらし、それに伴って

「死の文化」にも急激な変化が見られるようになった。死の判定・確認は、時代や社会によって異なり、遺体の処理についても地域や時代によって異なる。現在、遺体の処理法はほとんど火葬であるが、この処理法は浄土真宗地域を除けば、多くの地域で昭和三十年代以降のものとされている。土葬から火葬へと変わったことが、死についての認識や死後の世界観にどのような影響を与えたかという現代的な問題関心からの研究は緒《ちょ》についたばかりである〔国立歴史民俗博物館編二〇〇二　二五八〕。誕生の喜び、家族が息を引き取る際の悲しみなど、誕生と死の臨場感は変貌がいちじるしく、誕生と死における「いのち」のリアリティは現代社会では失われつつあると言える。ここにも「いのち」に関する民俗学的研究を深める現代的意義があると考える。

5　「いのち」への眼差し

「いのち」は人びとにどのように捉えられてきたか。「これまでのいのち」などと言うときの「いのち」には、寿命・一生・生涯という意味が付与されるだけでなく、運命あるいは死期という意味をも含み、人間の理解を超える自然の力を感じさせる。寿命は個人によって異なるが、ある一定の時期がくると人は死ぬ。生ある者は必ず死を迎える。つまり、誕生は人生の出発点であり、死は人生の終点である。「いのち」は人間の生命だけでなく、自然界の営みを含む言葉としても用いられる。豊かな自然に親しんできた人びとは、草木虫魚にも「いのち」を読み取り、春に木々が芽吹くことを「いのちの芽吹き」といい、桜の散るのを見て「花のいのち」の短かさに涙した。さらに「一寸の虫にも五分の魂」の格言は、虫にも人と同じように「いのち」があると考えた。このように「いのち」は関係性の中で捉える性格を有していることが分かる。

従来の通過儀礼研究では、柳田国男が提示した循環的生命観、すなわち「生まれ変わり」や「霊魂」をキーワードとした霊魂観が所与のものとして存在し、その理解のもとに民俗事例が集積されており、柳田の民俗思想を無批判に受け入れることに終始した。しかし、民俗学を取り巻く社会的状況はいつまでも旧態依然としたものではない。現代の生殖医療や臓器移植問題は単に医学分野に留まらず、「いのち」はいったいどうあるべきか、どのように対処していくべきか、という実践性の高い議論の方向が模索されている。病院における終末期医療の問題や生命倫理分野など課題は山積みである。民俗学においてもそれらの動向に留意しつつ実践性の高い調査研究が求められている(2)。

私は『誕生と死の民俗学』(吉川弘文館、二〇〇七年)において、誕生や死に際して行われる生命過程の儀礼及び慣行を分析検討し、「いのち」に関する民俗学的思考の抽出に努めてみた。産育分野における民俗研究は、誕生儀礼と成長儀礼を中心とした調査研究が主流であったが、あえて丙午俗信《ひのえうまぞくしん》のような俗信まで対象を押し広げて調査研究を試みた。また葬送《そうそう》分野では墓制を中心とした研究と霊魂観に基づく死の儀礼に関する調査研究が主流であったが、急病人搬送習俗をはじめ、死の判定に関する習俗や臨終の作法や看取《みと》りなどにも言及を試みた。「いのち」に関する民俗学的研究を深めるために、私たちは研究対象を狭義の通過儀礼に限定せずに研究対象範囲を広げて調査・分析していかねばならないのである。あわせて現代の社会情勢に柔軟に対応できる人生観、研究枠組みと学際的研究の必要性も主張した。「いのち」に関する民俗学的研究が、通過儀礼研究の新しい方向性を形成することを予測させる。

今後の民俗学における通過儀礼研究は具体的にどのように進めてゆくべきか、私はフィールドワークの現場で汗を流しながら理論を切磋琢磨《せっさたくま》し、研究の新視角を生み出すことが肝要であると考えている。一般に民俗研究では、ある特定の民俗事象を浮き彫りにするために類例を集めて比較分析を行う。これが民俗学唯一の研究法とされる比較法であるが、単に比較をして終わらせるのではなく、ある特定の民俗事象が存在するのは、その伝承母体においてそれを存在させる諸条件があり、その伝承母体の歴史的展開の中で形成されてきたという理解を深めねばならない〔福田 一九八四 二七〇〜二七二〕。つまり個々の民俗事象が当該社会の中でどのように位置づけられ、そこに生きる個人が民俗事象をどのように捉え、あるいは考えてきたかという問題意識のもとに民俗調査を進めてゆくべきであろう。各地の民俗事象の分析を踏まえ、予断を許さない観点の事例研究から、人びとが「いのち」をどのように考え、生きてきたかという大きな命題が見えてくるはずである。

《注》

（1）坪井洋文が有名な循環的生命観図を発表したのは次の論文が初出である（坪井洋文「日本人の生死観」岡正雄教授古希記念論文集刊行委員会編『民族学から見た日本』河出書房新社、一九七〇年、七~三四頁）。

（2）鈴木由利子の生命選択に関する一連の研究は注目される（鈴木由利子「選択される命―『育てようとする子ども』と『育てる意思のない子ども』―」『日本民俗学』二二四号、二〇〇〇年、同「間引きと生命」『日本民俗学』二三二号、二〇〇二年、同「堕胎・間引きと子どもの命」太田素子・森謙二編『〈いのち〉と家族』早稲田大学出版部、二〇〇六年など）。生命観の論文には松崎憲三「堕胎（中絶）・間引きに見る生命観と倫理観」（『日本常民文化紀要』二一輯、二〇〇〇年）などがある。

《参考文献》

A・V・ヘネップ　一九七七（一九〇九）『通過儀礼』（綾部恒雄・綾部裕子訳）弘文堂
オームス・ヘルマン　一九八七『祖先崇拝のシンボリズム』弘文堂
国立歴史民俗博物館編　二〇〇二『葬儀と墓の現在―民俗の変容―』吉川弘文館
坪井洋文　一九八四「ムラ社会と通過儀礼」『日本民俗文化大系』八巻　小学館
福田アジオ　一九八四『日本民俗学方法序説』弘文堂
柳田国男　一九七四『故郷七十年』朝日新聞社

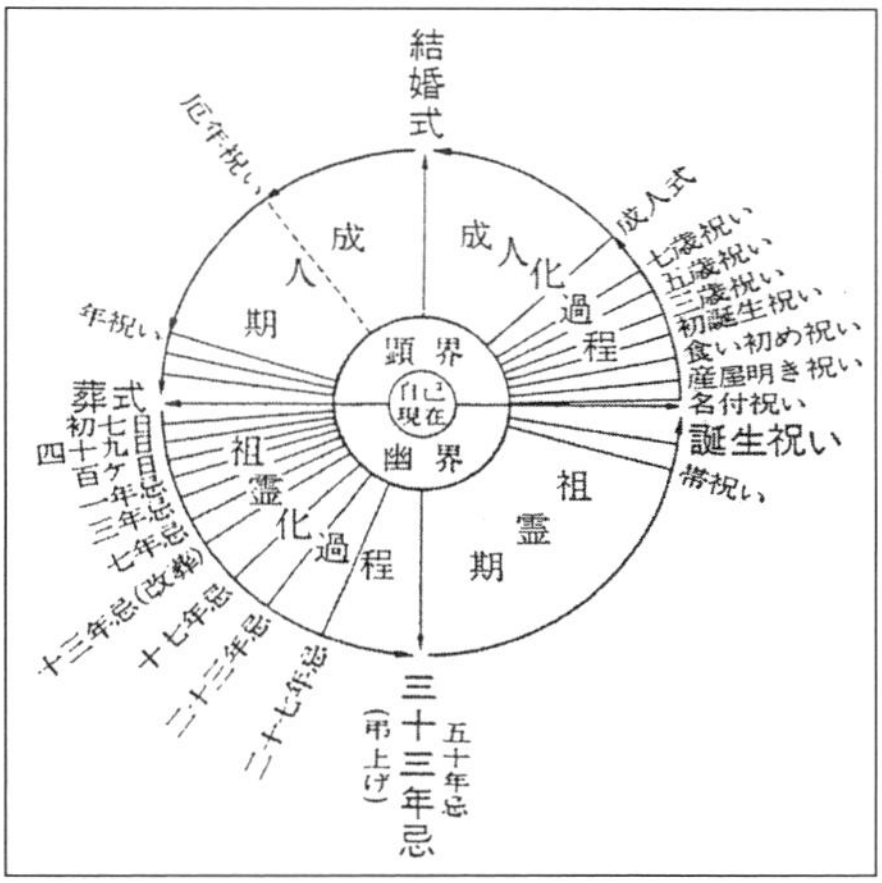

日本人の通過儀礼（坪井洋文「日本人の生死観」より転載）

出産から学ぶ民俗

本稿では、出産民俗について事典的解説を試みる。できるだけ具体的な民俗事例を取り上げたいと思う。そのためには私が生まれ育ち、そして現在も暮らす群馬県の民俗事例を中心に紹介することにした（本稿で特に断りのない場合は群馬県内の地名である）。

「出産」という言葉は、産婦《さんぷ》の立場から、「誕生」という言葉は赤子《あかご》の立場から、それぞれ分けて使われる表現であるという。しかし実際には二つの言葉はどちらか一方が使用され、それぞれの立場を超えた使われ方が一般的に行われてきた。ここでは産婦の立場から捉えた出産民俗について紹介することに努めたい。

事例として取り上げた民俗は、群馬県が中心となるため、地域的偏差が見られるという批判もあるが、群馬県の具体的事例を代表させることによって、より詳細でリアリティあふれる解説を目指した。

1　安産の祈りと妊婦

産泰様はお産の神様

お産の神様として水天宮《すいてんぐう》や塩竈《しおがま》様、子安《こやす》観音、十二様《じゅうにさま》などが霊験あらたかな神仏として信仰を集めている。群馬県内では、前橋市下大屋《しもおおや》町の産泰《さんたい》神社がお産の神様として知られる。下大屋町の産泰神社は、かつて荒砥《あらと》村に属していたので「荒砥の産泰様」と通称される。主祭神は木花之佐久夜毘売命《このはなのさくやひめのみこと》で、県内はもちろん埼玉県や長野県まで分社が勧請《かんじょう》され信仰圏は広い。群馬県内では多野《たの》郡神流町魚尾《かんなまちよのお》の産泰様や北群馬郡吉岡町小倉の産泰様などが知られる。また、県内外に産泰講が組織され、信仰の厚さがうかがえる。

産泰様は江戸時代に流行神化し、前橋藩主の奥方の信仰を得ており、前橋城と向かい合わせにするため社殿を西向きにしたと伝える。その昔は荒砥村に所在する小祠《しょうし》の一つで、「三胎」と記していたという。「三胎」は「三体」でもあり、三柱の神を意味する。浅草の三社様もそうであるように、数字の三は聖数であり、三つの神様の力はきわめて強力である。

犬のモニュメントが安産のシンボル（群馬県前橋市下大屋町　産泰神社）

産泰様は安産祈願の神として流行し、お産が無事軽く済むようにと願いを込め、底抜け柄杓《ひしゃく》を供える習わしがあった。底を抜いた柄杓では水が汲めない。汲もうとすると水がすーっとこぼれてしまう。そのように軽く生まれて欲しいという願いが込められる。柄杓を使用した時代が過ぎ、現在は柄杓に代わって安産祈願の絵馬が多数供えられ、犬のモニュメントを撫《な》でるという神社側の新しい試みもみられる。昔は産泰様に供えたロウソクを持ち帰り、それをお産のときに点《つ》けて、燃え切るまでに赤子が無事産まれるようにと祈ったものである。

安産祈る 十九夜様

館林《たてばやし》市上三林《かみみばやし》町根津屋では、女性たちが十九夜様《じゅうくやさま》を祭る。毎月十九日夕方、当番の女性二人が十九夜堂に詰め参拝者の応対をする。十九夜観音を祭る行事は、十九夜講ともいう。日常のあわただしい生活から解放され、子育ての悩みを語ったり世間話をして過ごす交流の場でもあった。

十九夜様を祭ると安産のご利益があるといい、大勢の女性たちがお参りに来た。男の子が欲しいときは白、女の子が欲しいときは赤のオケサ(御袈裟)をもらう。オケサは観音様に掛ける袈裟のことである。また、お供えのロウソクを出産時に点け、燃え切るまでに産まれることを祈願した。そして無事に赤子が誕生するとオケサを倍にして返した。

そのために堂内の観音様の石像にはたくさんのオケサが掛けられている。このオケサに男女の産み分けの願いを込める。妊婦やその家族が希

【前頁】十九夜様でオケサをいただく（群馬県館林市上三林町）

望する性別のオケサを借り、腹帯と一緒にお腹に巻くとご利益があると信じられてきたのである。

第二次世界大戦中の「産めよ増やせよ」を合言葉にした時代にはお堂の前に露店が出るなど、十九夜様は大いに盛《さか》った。しかし、近年は少子化の影響もあり、お参りにやってくる人は減少している。妊娠中に胎児の性別が医学的に判定されるようになったことも、この信仰を希薄にした。十九夜信仰は、館林邑楽《おうら》地方に濃厚な分布を示し、今も安産を祈る女性たちの心のよりどころとして生きている民俗である。

夫のつわり

妊娠二か月目ぐらいからつわりがあり、食欲が極端に無くなることがある。ご飯の炊ける臭いで吐き気をもよおす人もあった。妻がつわりでご飯が食べられなくなったとき、夫も同じような症状を起こす者もあった。これは桐生《きりゅう》市梅田町、勢多郡東村座間（現みどり市）、山田郡大間々《おおまま》町深沢（現みどり市）などから民俗事例として報告がある。みどり市大間々町では、男がつわりと同じようにご飯が食べられなくなり、つわりの母親にかまってもらえず痩《や》せてしまう子どもがいると、これをオイトマケといった。

妊娠中に妻がつわりで苦しむとき、夫が汗をかいたり吐き気をもよおしたり、つわりに似た症状になることがある。これを東北地方では「男のクセヤミ」と呼ぶ。男のクセヤミが始まると妻のつわりは軽くなるといい、「病んで助けることができるのはクセヤミばかり」と諺《ことわざ》にあるように、その原因を夫婦仲のよさに求め、妊婦と夫との一体感を彷彿《ほうふつ》とさせるが、夫のつわりは多分に精神心理的なものであり、習俗として認めるべきかは若干問題が残る〔和田　一九八八〕。

腹帯と力鯉

利根郡新治村赤谷（現みなかみ町）の赤谷十二様の腹帯

腹帯《はらおび》はしなくてもそれほど影響はないといわれる。この腹帯は日本独特の文化であり、江戸時代中期に広まった習俗という。前橋市下大屋町では産泰様のお札を腹帯に縫い込んだ。前橋市富士見町では蛇の抜け殻を入れたりすることもあった。腹帯を巻く時期はおおむね妊娠五か月目ころで、戌《いぬ》の日に巻くのがよいとされた。腹帯に使うサラシは実家が用意してくれたが、夫の褌《ふんどし》を用いる人もあった。館林市渡瀬地区ではトリアゲバアサンが犬の字を書いて締めてくれたという。腹帯をするとお腹が締まってよいというのは、小さく産んで大きく育てるという民俗思想と関連がある。しっかり巻くことで胎児の肉体と霊魂を守るという意識があったと思われる。そして夫の褌を用いるのは生まれてくる赤子の認知と関連があると考えられている。

妊娠七か月の子は「投げても育つ」という。八か月の子は育たない。それで七か月目に鯉《こい》を食べる習慣があった。妊娠七か月目に嫁の実家から鯉二匹が贈られた。鯉は栄養があるので丈夫な子が生まれるようにと贈答に使われた。鯉の肝《きも》がよく効く。鯉の肝は緑色のビー玉状のもので妊婦は飲み込んだ。お産の前に鯉を食べると威勢よく産めるという。この鯉をチカラゴイ（力鯉）と呼ぶこともあった。館林市下三林《しもみばやし》町の魚玉という川魚料理屋には鯉を買い求める人があり、昔は藁《わら》つとに包んで持ち帰ったという。村人も田植えが始まるころになると、ヒブリ（火振り）といって電灯を点《つ》けて魚捕りに行ったりした。鯉、ナマズ、鮒《ふな》などが捕れた。栃木県佐野市出身の女性は、実家周辺には鯉を贈答する習慣がなかったので、婚家の義母が鯉を買ってきてくれたという。

2 胞衣とへその緒、そして母乳

胞衣の処理法

胞衣《えな》は、分娩後に娩出される胎盤《たいばん》をいう。ノチザンまたはアトザンともいう。胞衣が下りないとよくないとされ、各種の呪術が行われた。胞衣は布に包んで方角を見て穴を掘って塩で清め、ゴマメ（小魚）と一緒に埋めた。これは伊勢崎市八斗島《やったじま》町で採集した伝承である。同市三和《さんわ》町では、古くはトボグチ（玄関のこと）の内側の地中に胞衣を埋め、多く

標柱に後産入れ場とある（太田市新田町）（『新田町誌基礎資料5号　人の一生』より転載）

の人に踏まれると赤子が出世するという。みどり市大間々町小平《おだいら》でも、トボグチの敷居の内側に埋めた。たくさんの人に踏まれるとよい子に育つといった。同町高津戸《たかつど》では、渡良瀬川原に胞衣を焼く場所があり、昭和三十五年（一九六〇）ころまで胞衣屋がまわってきた。焼却時の匂《にお》いに対する苦情が出たのでやめたという。

　群馬県史の調査でも、胞衣の処理は胞衣墓や産部屋の床下など特定の場所へ穴を掘って埋める方法と家の出入り口など、人がまたいだり踏んだりする場所へ埋める方法の二通りが認められ、多野郡上野村では、女の子は針・糸・扇子、男の子は筆と墨をそれぞれ半紙に包んで一緒に埋めたという〔群馬県史編さん委員会　一九八二　九三一〕。このように、胞衣には赤子の分身としての意味が色濃く見出せる。胞衣を埋め終わったところで、そこに居合わせた者がどっと笑う胞衣笑い習俗があるが、これは胞衣が赤子の生命を左右する信仰を象徴したものと考えられる。

　高崎市吉井町では、紙で折った熨斗《のし》に散米を入れ、尾頭《おかしら》付きの魚を添えて埋めた。生臭物の魚を添えるのは、死んだ幼児と同じやり方で再生を願ったものと考えられる。胞衣は人が踏む場所であれ、踏まない場所であれ、父親が一度は踏みつけるものだという伝承を伴っている。そこには胞衣に対する畏《おそ》れと同時に、その力を押さえ込もうとする意図が

母子を繫ぐへその緒

見出せる〔矢野　一九八七　九九〕。胞衣を埋める場所は他界との境界に存在することにも注目しておきたい。胞衣は埋める場所が少ないだけでなく、屋敷内へ埋めることは衛生上の観点からも好ましくないとされ専門業者が処理している。病院出産はその処理に拍車をかけた。

みどり市大間々町浅原では、出産時に切り取られたへその緒は、赤子のへそのところに重ねて置かれ、一週間すると自然にとれる。それを保存しておき、九死に一生というときに煎じて飲ませる。へその緒は長く切ると小便が遠く、逆に短く切ると寝小便をしやすいといった。また、多くの家でタンスにしまっておき、嫁に行くときに持たせた〔大間々町史編さん委員会編　二〇〇一〕。伊勢崎市では、胞衣が出てきたところで、へその緒をトリアゲバアサンが二か所しばって、その真ん中を篠竹《しのだけ》で切った。約一週間でへその緒は取れ、屋敷神の所へ埋める家と庭の坪山へ埋める家、玄関の敷居の下に埋める家、保存する家などがあり、同じ市域でも処理方法は異なる〔伊勢崎市　一九八九　四七九〕。

へその緒を大切にすることは親子の「いのち」の継続に対する信仰に由来するという〔立川　二〇〇〇　一三〕。母と子がへその緒でつながっているのは生物学的な知識であり、これを根拠に、「いのち」のつながりや継続を考えるのは当然であろう。しかも、へその緒をめぐる俗信をみていくと、九死に一生の際に削って飲ませるとよい、大切に保存する、本人が家出してもへその緒を大切にしておけば必ず帰ってくる、当人または父母の死に際して棺《ひつぎ》に収める〔大藤　一九六八　八五〜八六〕など、ある意味ではへその緒を生まれたばかりの赤子の分身として捉えており、母と子の「いのち」をつないでいた大事なものという思考が見られる。

軒下《のきした》に埋めたり玄関口に埋めて人に踏まれるようにする例も多く見られる。浄土真宗篤信《とくしん》地域のように、へその緒の処理に無頓着な地域もある。分身のように大切にする事例と埋めて踏む伝承が併存しているが、果たして先後関係が存在するのか。へその緒は本来保存せずに後産〔胎盤〕などと一緒に埋めていたであろう〔木下　一九八一　一三八〜一四四〕という指摘を検証する意義は大きい。

へその緒は、出産が自宅から病院に変わっても名前を書いた桐箱に入れられ、タンスの引き出しなどに保存される。大事なものという認識は今日まで伝えられている。へその緒が大事にされた理由の一つに、子の身体に着いたまま産み出された子どもとの一体感が目に見えるという理由があげられるのである〔中村　一九九九　七六〕。

母乳と乳付け

乳付《ちづ》けは、生後まもなくの新生児への授乳をいう。現在新生児に初乳を飲ませるが、かつては黄色味をおびた粘っこい液体の初乳を飲むと赤子は下痢をしやすく、できものができるなどの理由から捨てられていた。そのために生後二日間は生母の母乳ではなく、別の女性の母乳を飲ませる慣行があった。たとえば邑楽郡板倉町では、男の子には女の子を持つ母親、その逆に女の子には男の子を持つ母親の母乳を飲ませた。

異性の子を持つ女性の母乳を飲ませるのは、異性の力を重視する思考の結果と考えられる。新潟県では、生母の母乳と他人の母乳を混ぜて飲ませるのをアワセチチと呼び、母乳を媒介に異性と縁を結ぶ効果があるという。授乳は赤子の生命に活力を与えるもので、他人と連鎖を持つことでさらに活力を増すと信じられていた。そして、母乳を提供した女性は乳親《ちおや》となり、成長過程に応じた各種儀礼に立ち会うなど、擬制的親子関係を形成した。なお、昔の赤子は生後一年以上経っても母乳を飲むので、母乳を与え続け、次の子が始まるまでは飲んでいたという。次の子が始まるころになると母乳の出は細くなってしまうものらしい。邑楽郡板倉町では栃木県下都賀郡野木町の明神様へお参りし、境内のイチョウの枝にかかる乳房をかたどった木綿布《もめんぬの》を借りてきて、無事に出産し乳が出ると乳房の形を二個作り奉納した。

乳が出るまじないに乳房の形を奉納（栃木県野木町の野木神社）（『板倉町の民俗行事その三（人生の通過儀礼調査報告書）』より転載）

産着と獅子舞

千本木龍頭神舞

民俗芸能、特に獅子舞《ししまい》には魔除《まよ》けの要素が強いためであろうか、獅子舞に使用した布きれが産着に転用される事例が見られる。

ここでは二つの獅子舞の事例を紹介する。伊勢崎市北千木町・南千木町に伝わる県指定重要無形民俗文化財の千本木龍頭神舞《せんぼんぎりゅうとうしんまい》では、現在見られなくなってしまったが、古い写真を見ると、龍頭神舞の三匹の獅子が打つ小鼓《こづつみ》の胴部に赤や紫の布がきれいに縫いつけられている。妊婦のいる家では、龍頭神舞の太鼓に使って欲しいと布を持参したものである。そして、祭りで舞い終わると小鼓に結びつけていた布を返した。その布で産着を仕立てたのである。舞いに使われた布を産着に仕立てると赤子が丈夫に育つといい、この習俗は昭和六十年（一九八五）ころまで行われていた。

また、利根郡みなかみ町藤原の獅子舞では、獅子の着る着物にツユヒキが付くが、下組ではこのツユヒキを綾《あや》とも呼んでいる。形状は三角形で、踊る際に着物が絡まないように重りの役目をする。中には小豆とソバが入っていて、舞うたびに雑穀が触れあい、カサンカサンと音が出て、独特の音響効果があった。同じ藤原でも上組では、この綾をサルと呼んでいた。舞い終わるとツユヒキは参会者に分けられる。希望者が大勢いるときは切って分けたという。これを産着に仕立て、健康な子どもに育つようにと赤子に着せた。

なお産着ではないが、佐波郡玉村町上新田の稲荷神社の獅子舞では、獅子の背に出産のあった家から依頼された色とりどりの三尺を背負って舞った。これを締めると病気にかからないという。

七夜着物と麻の葉模様

昔は、産まれてすぐ赤子をぼろ布で包んで取り上げた。この時点では、赤子は人間として認知されていない。では、赤子はいつ人間として認められたのであろうか。それを考えるときに産着の習俗は重要な知見を与えてくれる。

産着は、嫁の実家から贈られるものであった。群馬県内では産着を七夜《しちや》着物《ぎもの》とする地域もあり、生後七日目に着るものであったと思われる。古くは男女の性別が判明してから産着を仕立てるもので、あらかじめ用意するものではないと伝承されてきた。

性別が判明してから七日目であれば十分に産着を仕立てる余裕がある。それが次第に早まり、生まれる前、あるいは生まれるとすぐに実家が贈るという風に変わっていった。

産着に用いられる麻の葉模様

群馬県下では、男女どちらが生まれてもよいようにと、鬱金《うこん》の産着が比較的多く見られる。赤子が生まれる前に仕立てる便法の一つとして、鬱金の産着が考え出されたもので、比較的新しい習俗と思われる。鬱金の産着には、興味深い民俗がある。桐生市梅田町では、初めて産着を着せる際、「鬱金の裾はなぜ付ける、うんこ垂れても分からぬように」と唱えたという。鬱金は黄色なので、大便を連想させたものであろう。

七夜着物に用いる麻の葉模様の図柄は、魔除けの効用があるといわれ、麻本来の持つ成長力の早さにあやかる。館林市上三林町では、男子の産着は青の麻の葉模様で、女子は白を作った。甘楽《かんら》郡南牧《なんもく》村星尾《ほしお》や多野郡神流町三波川では、男子は青、女子は赤という。吾妻郡東吾妻町本宿では、男子は黒い襟《えり》、女子は赤い襟を付けた。お七夜に、生まれて初めて赤子は袖に手を通した。このときに肉体のかたまりから初めて人として認められたのである。麻の葉模様のほかに、背守りとして背中の襟部分に菱形に十字の糸を縫いつける習俗も知られる。渋川市赤城町では、背守りを付けておくと子どもが転んだときに神様がそれをつかんで起こしてくれると説明している。利根郡みなかみ町藤原では、山繭《やままゆ》の入った紐を付けて魔除けとした。

男女で違う初宮参り

初宮参り（群馬県みどり市大間々町）

初宮参りは、生後三〇日前後に赤子が母子と家族に連れられて氏神へ参詣することである。赤子にとっては初めての外出であり、今後災厄を被《こうむ》らないように、額《ひたい》に「犬」の字を書いてもらうなど、さまざまな魔除けの儀礼があった。神前でわざわざ赤子のお尻をつねって泣かせて、その存在をアピールするのは氏神に赤子を公認してもらう機会であることを示す。親類や知人に赤飯《せきはん》を振る舞うのは、多くの人びとに周知しながら祝ってもらうものである。

初宮参りは、安産祈願をした神社への参拝であるが、実際の出産時期には産でけがれているからという理由で、神社の神々は妊婦が近づくことを忌避《きひ》していた。このように妊娠をケガレと考え、近づけさせないのは幾分矛盾していないだろうか。産婦が出産時に救いを求めていた時期、対応してくれたのは、山の神である十二様やウブガミと呼ばれる産神《うぶがみ》だけであったという点は、たいへん興味深いものがある。

また、この初宮参りで特色があるのは、男女によって参る日が異なる点である。一般に男の子のほうが女の子よりも早い。たとえば、みどり市大間々町小平では、男の子は生後二九日目であるのに対し、女の子は生後三〇日目である。女の子は男の子よりもけがれているという理由で、忌み明けが遅くなっていた（大間々町史編さん委員会編　二〇〇一三二三〕。女性に対して不浄観を重く見た結果の儀礼であり、性差を明確にしたものと言えよう。

初宮参りの赤子に着せる産着は、お産見舞いとして嫁の実家から紋付きの晴れ着が贈られた。また、嫁の実家以外からも各種のお産見舞いが贈られ、お礼として赤飯にスルメを付けて返した。贈答を受けた家では、入れ物返しに大豆または小豆を半紙に包んで重箱へ入れたが、この豆には「赤子が豆に育つように」という意味が込められていた。

4 出産後の各種儀礼

赤子の便所参り

生後三日目あるいは七日目に便所参りをした。これをセッチンマイリ、オヒヤマイリ、オヘヤマイリ、オヒガミサママイリ、カワヤマイリなどと呼ぶ。群馬県内では、利根郡、沼田市、吾妻郡にかけては生後三日目で、前橋市、伊勢崎市、太田市、館林市などの地域は生後七日目に行っていた。いずれも自家の便所と近所の便所二か所、合わせて三か所の便所をまわる。邑楽郡板倉町では、七日目に赤子は初めて氏神へお参りし、帰りに集落内にある橋の中央でオサゴを投げて引き返す習俗があった。伊勢崎市波志江《はしえ》町では、この日、嫁の実家から赤子の祖母や叔母たちが寄り、屋敷稲荷に参ってから自家を含めて三軒の便所をまわっ

便所参り（『秩父の通過儀礼』より転載）

た。「オヘヤマイリをさせてください」とあいさつしながら、半紙に包んだオサゴを便所に供えた。便所参りは子どもが便所で怪我《けが》をしないように行うものとされた。

そして、オヘヤマイリに来られた家では、女の子には額に紅を、鼻に白粉《おしろい》を塗ってやった。これは器量よしになるようにという意味である。男の子の場合は、字が上手になるように額に墨を塗った。家によっては食紅《しょくべに》であらかじめ額に「犬」の字を書いて出かけた。「犬」の字を額に書いてもらう習慣は、犬のように丈夫に育つことを願ったものという。同市上蓮町《かみはすちょう》では、便所に大豆を供えたが、これは豆に育つようにという意味である。便所参りのときには橋を渡らない。渡ると乳が出なくなってしまうと言われている。桐生市梅田町では、モロコシの箸で大便を食べさせる真似をした。イロリもまわるが、これはやけど除《よ》けの呪いであると説明している。

かつての便所は、落とし式であったから子どもが便所に落ちてしまうことも稀《まれ》にあったのである。便所参りによって、便所がそのような危険な場所であることをあらかじめ知らせようとしているのか。それとも一生おつきあいする便所に対し、オサゴをまいてお参りするのはお世話になりますとお願いすることであったのか。

くじ引きで付けた名前

命名札（群馬県桐生市黒保根町）

生後七日目を中心に行われる「名付け」は、新しい「いのち」を迎えた両親や家族の期待が込められた重要な誕生祝いである。現在は、生後十四日以内に名前を付けて役所に出生届を提出しているが、生後七日目のお七夜に名前を付ける例が多い。名前を墨書した半紙を神棚に貼り出している。古くは、早く名前を付けないと不祥事が起こる、悪霊に取り憑《つ》かれると信じられ、仮り名でもよいからできるだけ早く名前を付ける慣行もあった。

いくつかの候補の名前を書いてこよりにし、神棚に供えてから子どもにくじを引く要領で一つを選ぶ方法、屋号や先祖・祖父母の名を一字もらうなどして祖名を継承する方法もある。また多くの場合、名前はいつの時代にも流行している名前が採用される。昔は女性にはクマやトラなどの動物の名を付けたり、松竹梅や鶴亀など縁起を担いだ名を付けることもあった。子どもを欲しくないときは、生まれた子どもの名に「末」や「留」の字を付けることもあった。

名付けには、さまざまな方法と俗信があるが、それは生まれた子が無事に育つことを願う、いわば生活の知恵に基づくものにほかならない。その基礎には、名付けによって霊魂が肉体に宿るという考え方があった。それもできるだけ強力な霊魂がしっかりと入るようにという願いが

盆の窪の毛（都丸十九一『村と子ども』より転載）

トトンゲの慣行

込められていた。

盆《ぼん》の窪《くぼ》の毛を何というか。子どもが川などに落ちたときに、産神がその毛を持って引き上げてくれるという。その毛を「魚食う毛」と言った。子どもは七歳までは神様と言われたりするが、七歳前に亡くなると遺体に魚を添えて埋葬した。産婦のことをサンシ（産衆）と呼ぶ。サンシはお産でけがれていると考えられた。天道様（太陽）にその不浄な身体を見せてはいけないといい、外便所へ行くのにもかぶり物をして行った。出血がおさまって普通の生活ができるようになると床上げをする。みどり市大間々町深沢では、出産後初めて台所に立つときは、「祓《はら》え給え、清め給え」と唱えながら塩を撒《ま》いた。出産から二一日目をオボアキ（産明け）という。同町塩原では、男子二九日、女子は三〇日で、女の子は男の子よりも一日多い。オボアキ前に橋を渡ってはいけない。早い人は二週間経たないうちに働きはじめたが、二一日までは神棚のある部屋に入ってはいけないといった。風呂も一か月は入らなかった。また、物を使いはじめるときは塩で清めてから使いはじめた。

オボアキの日に初めて産毛《うぶげ》を剃った。産毛は稲荷様の後ろのほうに埋めたり、南天の木の下に埋めるとよいといわれた。盆の窪の毛はチンケといい、そこは剃《そ》らないようにした。赤子が転んだときに産神がその毛を持って引き上げてくれる。産まれたときの毛は、剃らないと毛が悪くなるといって数回は剃るが、トトンゲと呼ばれる盆の窪の毛を残しておいた。鼻血が出たときにトトンゲを抜くと止まるという。トトンゲはトトの毛のことで、トトは魚である。魚を食べることができる坊主という意味であろう。盆の窪の毛が分かれて生えていると、次に生まれる子どもの性別は女の子で、くっついて生えていると男の子が生まれると占った。

呑龍《どんりゅう》様には子どもが弱いときに丸坊主にするから助けてくれと祈願をした。そうすると丈夫になる。この坊主のことを呑龍坊主と呼ぶ。男女とも坊主にする。太田市の大光院の呑龍様は子育て呑龍という。

食い初めに石のおかず

生後三か月を過ぎると赤子の首がすわりはじめる。そして、この時期に離乳が始まる。このときに食い初めの祝いをする。伊勢崎市三和町の食い初めを紹介する。三和町では、昔から生後一〇〇日目に食い初めを行っていた。食い初めに先だち、嫁の実家から膳椀《ぜんわん》が贈られる。このお膳にご飯茶わん、味噌汁わん、尾頭付きの魚が載る皿、そして小石を載せた皿が用意される。この小石はどこから拾ってもよいが、きれいに洗って神棚へ上げておく。母親は、赤子にご飯粒を少し食べさせながら小石を食べさせる

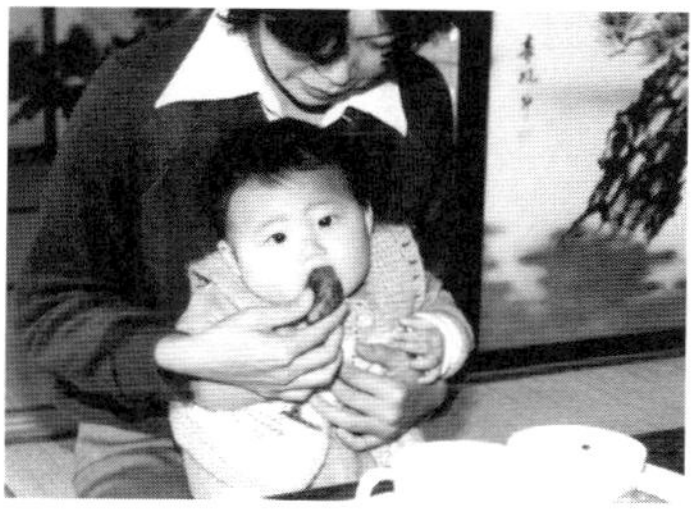

食い初めで小石をなめる（群馬県伊勢崎市三和町）

真似をする。かつては大きな箸で小石をはさんで食べさせる真似をしたという。

食い初めの時期は、三和町では男女とも生後一〇〇日目であった。しかし、群馬県内では多くの地域で、一〇〇日目を基準とし、男女で前後している例が多い。しかも興味深いのは、女の子のほうが日取りが早い。その理由は、女の子は食いしん坊だからと説明している。しかし、初宮参りは男の子が三〇日、女の子は三三日と遅い。その理由は女の子がけがれているからという。食い初めの祝いではそれが逆転している。

また、小石はどこのものでもよいという一方、できるだけ川原や雨だれの石を用いると歯が丈夫になると伝え、この小石は「歯固めの石」と呼ばれる。歯が丈夫だけでなく、固い人になるようにという願いもある。大きな箸を使う儀礼にも注目したい。伊勢崎市馬《ま》見塚《みづか》町などでは、この大きな箸を「鬼の箸」と呼んだ。鬼が食べるご飯にあやかる、あるいはたくさん食べられるほどの豊かさを表現したものであろうか。

ぶつける誕生餅

今でも初誕生の儀礼はていねいに行われている。子どもが誕生して初めての誕生日に餅をつき、子どもの成長を祝う風習が全国各地にある。群馬県では、初誕生には一色餅をつくものではないといい、あん餅、赤や青の色の付

初誕生　誕生餅を背負う（昭和30年）（群馬県みどり市大間々町）

いた餅を作った。あん餅には中身は塩あんを使うことが多かった。「子どもが甘く見られないように」という理由からである。また、「子どもが一生楽に暮らせるように」と一升餅をついた。

誕生餅は、風呂敷に包んで子どもに背負わせる。そのために多野郡鬼石《おにし》町（現神流町）、群馬郡倉渕《くらぶち》村（現高崎市）などでは、この餅を力餅《ちからもち》と呼んだ。かつて子どもはイジメなどの保育具の中で育てたので、どうしても歩き出すのが遅かった。そこで、親が付き添って歩かせる真似をするが、稀には餅を背負ったまま歩き出してしまう子もいた。そのときには子どもが転がるまで餅の数を増やしたり、わざと転ばせたりする事例が見られた。この餅を利根郡みなかみ町ではブッタオレ餅などと呼んだ。甘楽郡下仁田町馬山地区には、子どもを家族が支えて箕《み》の中に立たせ、お尻に盆を当てて仲人親が塩あんの誕生餅をぶつける行事があった。子どもが丈夫になるようにと説明している。藤岡市上日野では子どもが餅を背負って歩けば足がしっかりするといった。渋川市行幸田《みゆきだ》では初誕生の祝いに丈夫に育つようにと嫁の実家から履物が贈られた。

なぜ歩ける子どもをわざわざ倒すのだろうか。現代は生後十か月で歩き始める子も少なくない。現代の母親たちは早く歩けるかどうかはさほど問題にしていないようであるが、かつては初誕生には歩けないのが普通であるのに、すたすたと歩いてしまうのは、逆に異常と見られ、鬼子《おにご》と言われた。餅を背負わせるのは、本来は子どもが倒れるためであったらしい。

《参考文献》

伊勢崎市　一九八九『伊勢崎市史民俗編』伊勢崎市

大藤ゆき　一九六八『児やらい』岩崎美術社

大間々町誌刊行委員会編　二〇〇一『大間々町誌別巻九民俗編』大間々町

木下忠　一九八一『埋甕—古代の出産風俗—』雄山閣出版

群馬県史編さん委員会　一九八二『群馬県史資料編26　民俗2』群馬県

立川昭二　二〇〇〇『いのちの文化史』新潮社

中村ひろ子　一九九九「出産と誕生」中村ひろ子ほか『女の眼でみる民俗学』高文研

宮田登　一九九九『冠婚葬祭』岩波書店（新書）

矢野敬一　一九八七「誕生と胞衣—産育儀礼再考—」『列島の文化史』四号　日本エディタースクール出版部

和田文夫　一九八八「夫のつわり」『講座日本の民俗3　人生儀礼』有精堂

コラム

出産とことわざ

ことわざは社会の潤滑油

ことわざは地域社会で暮らす人びとの潤滑油《じゅんかつゆ》として、また教育手段としても用いられてきた。ここでは群馬県山田郡大間々町《おおままちょう》（現みどり市）で採集した資料を中心に、出産に関することわざがどのように使われているかを具体的に見てゆくことにしたい。あわせて、その使われている状況や地元の人びとが伝える民間解説にも注目しながら、ことわざの持つ意味についてコメントを加えていきたい。

妊娠中の禁忌

妊娠中の禁忌事項を見てみよう。**「重いものを持つな」「背伸びをしてはいけない」「箒《ほうき》をまたぐな」「ウサギ肉を食べるな」**などといった。特に箒は重要な呪具と考えられていた。出産時には箒を立てておくと安産だといわれていた。出産に立ち会う十二様（山の神様）と箒神様が必ずやってきてくれるという。そのために箒は大切にすべきであると諭《さと》す。**「便所を綺麗《きれい》にするとよい子が産まれる」**というのは、ある程度身体を動かすことの重要性を語るものであろう。ウサギ肉を食べると三つ口の子が生まれるという。

「死んだ人を見ると黒あざができる」そのために妊婦は葬式には出席しない。どうしても出なければならないときは鏡を懐に入れた。また、火事を見るものではないという。**「火事を見ると赤あざの子が生まれる」**という。一軒の家に妊婦が二人いると勝ち負けが出来るといい、どちらかの妊婦は家を出た。**「相孕《あいばら》みはよくない」**とされた。妊娠している動物が一軒の家にいてもよくないという。

胞衣（後産）が降りないときは、夫が箒を担いで下駄を履いたり石を抱いたりして家の周囲をまわった。初産《ういざん》のときに夫が家にいないときは次の子が生まれるときも家にいるものではないと言い伝えている。**「胞衣はたくさんの人に踏まれるとよい」**といい、トボグチの敷居の内側に埋めた。踏まれると頭のよい子になるという。へその緒はその人が九死に一生というときに煎じて飲むとよい。**「へその緒を長く切ると小便遠く、短く切ると寝小便しやすい」**といわれた。多くの家でタンスにしまっておいた。へその緒が絡《から》まって産まれることがある。それは袈裟子《けさご》といい、名前に袈裟の一字を必ず付ける習わしであった。双子には金銀や松竹のようにワンセットの名前を付けるようにした。夫婦に子どもが恵まれないときに養子をもらうことがある。しかし、皮肉なことに養子をもらうとたちまち実子が産まれることがある。そういうときは生まれてきた子は**「焼き餅《もち》っ子」**などと呼ばれた。

出産は女の大厄

「出産は女の大厄」という。大厄《たいやく》は大役でもある。女性の厄年は十九歳と三十三歳である。その二つを一般に大厄というが、それにもう一つ加えねばならないのが出産であった。その出産は**「お産は棺桶片足」「お産は命がけ」**と表現されるように、かつては死と隣り合わせの大変危険な時代があった。現代は出産時に産婦が亡くなる例はほとんどない。しかし、かつては産死者供養のナガレカンジョウ（流れ灌頂）が各地で見られた。明治初年に、東北・北海道を旅したイサベラ・バードは新潟で流れ灌頂を見て、挿し絵を付けた記録を残している〔イサベラ・バード　一九九一　一四九～一五〇〕。昭和二十年（一九四五）以

流れ灌頂（復元）（群馬県伊勢崎市八斗島町）

降になると、衛生医学の進歩に伴い産死者は激減し、民間においては流れ灌頂習俗を現在見ることはない。

出産の場はかつては自宅であった。布団を四つ折りにしてそれにこごんで産んだ。「**お産の力は親はくれない**」という。本当に大変な力が出るものであった。赤子は「**小さく産んで大きく育てろ**」といった。「**障子の桟《さん》が見えるうちは産まれない**」といった。自宅出産の時代にはロウソクがよく使われた。特に葬式に用いたロウソクがよいという。ロウソクは小さければ小さいほどご利益があるとされた。これは当然早く産まれることを暗に示しているのである。

十八世紀のフランスに「**一人しか子のないものは、一人もいないのと同じ**」という諺《ことわざ》があった。当時のフランスにおいても分娩時の事故、病気などが乳幼児にとって大きな脅威であった。そのため、何人も子どもを産んでおけば生存の確率が高くなるという考え方があり、それがこのような諺となって表現されたものであろう（フランソワーズ・ルークス　一九八三　二三）。近代日本においても、乳児死亡に関しては同様の考え方があった。「**子沢山《こだくさん》貧乏**」という言葉がある。たくさんの子どもを抱えて養育費の負担が重く、生活が苦しいことを表現した言葉である。昭和初年ころまでは五、六人の赤子を生む女性は普通であった。昭和初年時代には、生まれて間もない乳児が亡くなると「運が悪かった」「また産めばいいのだから」「今度は丈夫な子を産めばよい」などといった会話が交わされ、産婦とその家族が早く立ち直れるよう心配りをした。

《参考文献》
イサベラ・バード　一九九一（一八八五）『日本奥地紀行』平凡社（東洋文庫）
大間々町誌編さん室編　二〇〇一『大間々町の民俗（大間々町誌別巻9）』大間々町誌刊行委員会
フランソワーズ・ルークス　一九八三『〈母と子〉の民俗史』新評論

コラム

初乳《しょにゅう》のこと

初乳のチーズ

私の父（大正十五年生まれ）のすぐ上の兄は、太平洋戦争で、中国大陸に従軍していたが敗戦で帰国した。帰るとまもなく、山田郡大間々町大字桐原《きりばら》字瀬戸が原（現みどり市）の地へ同志と共に入植した。山林を切り開いて農地とする、文字通りの開墾であり、周辺に住む人びとは、この地域を「カイコン（開墾）」と呼び、わが家では父の兄の家を「カイコンチ（開墾の家）」と言っていた。カイコンチは、この地域の多くの家がそうであったように乳牛を十数頭飼った。子牛が生まれると、初乳を固めた状態のものがわが家へ届けられた。食べきれないほど貰《もら》うこともあり、フライパンで温めて食べたこともあった。とにかく当時はおいしかった。これは昭和四十年（一九六五）ごろのことで、わが家ではこれを「カイコンチのチーズ」と命名し、私は子牛が生まれるのを待ち遠しく思っていた。

子牛が生まれると、牛の乳は搾《しぼ》っても出荷できない。食品衛生法では分娩《ぶんべん》後五日間の牛乳は出荷を禁止されている。子牛に初乳を与えるだけでは余ってしまうので、酪農家は初乳を自家消費することになる。それが「カイコンチのチーズ」なのである。その作り方は簡単で、まず余った初乳を鍋の中で温め、酢を入れて固める。それをふきんで漉《こ》すとチーズ状のものが出来上がる。そのまま食べてもおいしいが、好みによって醤油をかけて食べる。

先日、「カイコンチのチーズ」に話が及ぶ機会があった。その数か月後のこと、かつて私の話を聞いた同僚が、子牛が生まれたといって二リットルのペットボトルに入った初乳をプレゼントしてくれた。わが家でさっそくチーズを作ってみたところ、四十年近く前に味わったあのチーズが甦《よみがえ》った。牛の飼育でも初乳を単にチーズにするだけでなく発酵《はっこう》初乳として代用乳の代わりに子牛に与えることが下痢症の抑制や育成経費の軽減などの長所があることが分かり利用され始めている。初乳は栄養価が高く、その効用が叫ばれたことと関連があるのだろうか。それでは人間の初乳はどうであろうか。

乳付けの民俗

「秋に生まれる子は風邪をひかない」といわれる。初乳の成分が赤子に必要十分な免疫《めんえき》を与えることになり、この免疫は六か月間ほど持続するので、風邪の季節を無事に過ごすことができる。これは合理的な解釈であり、比較的新しい伝承と言えよう。風邪の菌に対して抗体をもつということであろう。そのために秋に生まれた子は風邪をひきにくく、逆に、春に生まれた子はちょうど風邪が流行するころに免疫が切れてしまうので風邪をひきやすいという。これは初乳の免疫力について語っているのであり、かつては初乳を捨てていた時代が長かったのである。免疫云々は、比較的新しいものと言えよう。私たちは、まず乳付けのことを知らねばならない。乳付けとは、初めての授乳のことで生後まもなくの新生児に授乳した。かつて初乳はアラチチと呼ばれ、黄色味をおびた粘っこい液体で、新生児が飲むと下痢をしやすく、できものができるといって捨ててしまったのである。

ところがどうであろうか。近年は初乳の持つ免疫学的価値が評価されてきたのである。分泌型グロブリンAが成乳の十倍から二十倍も含まれており、壁にペンキを塗るように赤子の腸粘膜《ねんまく》の表面に広がり、細菌やウイルスなどの異種タンパクが粘膜を通過するのを防ぐ。また、初乳はアレルギー予防にも効果があるという研究成果もある。さらに初乳には胎便《たいべん》の排出を促す成分が含まれている。このように医学的見地から初乳をみると、良いこと尽くしなのである〔山本　一九八三〕。

では、昔の人はなぜ初乳を捨てたのか。民間では、生後二日間は生母の母乳ではなく、別の女性の母乳を飲ませる慣行が存在していた。すなわち男の子には女の子を持つ母親、その逆に女の子には男の子を持つ母親の母乳を飲ませた。これをチツケ、アイチチなどと呼び、大藤ゆきによれば、この慣行は昭和十年（一九三五）ごろまで行われていたという〔大藤　一九八二　七五〕。乳付け親の生んだ子と乳兄弟のつきあいをすることもあった。

　異性の子を持つ女性の母乳を飲ませるのは、異性の力を重視する思考の現れで、新潟県では、生母の母乳と他人の母乳を混ぜて飲ませるのをアワセチチと呼び、母乳を媒介に異性と縁を結ぶ効果があると考えられていた。なお、初乳を粗末にすると乳が出なくなるとも伝える。授乳は新生児の生命に活力を与えるもので、他人と連鎖《れんさ》を持つことでさらに活力を増すと考えられた。そして母乳を提供した女性は乳親《ちおや》となり、各種儀礼に立ち会うなど擬制《ぎせい》的親子関係を形成することになった。

《参考文献》

大藤ゆき　一九六八『児やらい』岩崎美術社
大藤ゆき　一九八二『子どもの民俗学』草土文化
山本高治郎　一九八三『母乳』岩波書店（新書）

第2部

産育の歴史

江戸時代の出産習俗は興味深く、現在の出産からは想像もつかないことばかりである。少なくとも明治初期までは行われていた慣行であると思われるが、現在はその痕跡すら残っていない。八戸藩の上級家臣の日記に十一人の赤子出産の記録がある。出産習俗としても貴重で、ていねいに見てゆくと意外な発見があり、注目すべき部分には線を引いたので江戸時代の習俗を垣間見ていただきたい。出産が自宅から病院に移ってから久しい。第2章「トリアゲバアサンから助産師へ」では、助産に関わる人たちの変化の諸相とその基本的枠組みを提示するとともに、産婆には赤子の「いのち」をこの世に安置してくれる呪術者としての側面が見られることを紹介した。

出産後、産倚にすわる産婦と赤子を湯浴びさせる様子。
（「熊野観心十界図」より）

いのちと出産の近世

取揚婆、腰抱きの存在と夜詰の慣行

1　『餓鬼草紙』にみる出産介助

ほ乳類、たとえばニホンザルの場合、母猿の陣痛《じんつう》は夜間に始まり座産《ざさん》の姿勢で出産する。母猿は自力で産道を探り、赤ちゃん猿の頭が出た瞬間に首をつかんで引っ張り出す。誰の助けも借りず自力で出産するのである。しかも出産後に出てくる胎盤《たいばん》は、母猿が自分で引っ張り出して、重要なタンパク源として食べてしまう場合が多い。これは匂いに引きつけられてやって来る捕食者への防御の一面という説もある。約一時間でニホンザルは自力出産を完了させる〔杉立二〇〇二　一三〕。

それに対し、人間の場合はそれほど単純ではない。緊急時にはやむを得ず妊婦が一人で出産をする場合もあるが、その場合にも分娩《ぶんべん》に要する時間はニホンザルの五倍以上を要する。人間の場合には、出産にあたっては介添《かいぞ》えをする人が必要となる。その様子は公卿《くげ》の出産風景を描いたとされる『餓鬼草紙《がきぞうし》』（平安時代、十二世紀の作品で六道思想を反映した六道絵の一つ）に明らかである。産婦を前から抱きかかえるフトコロガカエ（懐抱え）と後ろにまわって抱きかかえるコシカカエ（腰抱え）役の二人の女性、さらに隣室で祈祷《きとう》をする巫女《みこ》と僧侶が描かれている。出産にあたって大勢の人が介添えに携わっていた様子がうかがえる。また、鎌倉初期の内大臣中山忠親の日記『山槐記《さんかいき》』の治承二年（一一七八）十一月十二日条には、高倉天皇の中宮徳子（平清盛の娘）のお産に際して、女房の春日局《かすがのつぼね》が抱え、大輔局が腰を抱いて出産介助にあたったとある。産婦の前後から介添えの女性が出産に立ち会っていたことになる。

左大臣西園寺公衡の日記『公衡日記《きんひら》』乾元元年（一三〇二）五月九日条には、亀山法皇の昭訓門院が皇子を出産するに際し、白湯巻《しろゆまき》を着た上臈女房、乳人《ちびと》、むつきを洗う人たちが身近に仕え、出産の先達とされる京極の局・大夫の局ら三人が交代で腰を抱いたとある。また女房が疲労したときには公衡がしばらくの間、腰を抱いていたという。出産に男性が関わる事例として記憶しておきたい。さらに後産が遅れたために僧侶を頼んで加持《かじ》祈祷を行い、召使いが神殿の屋根に登って甑《こしき》を落とした瞬間に後産が降りて一同は感嘆の声を上げた。さらにこの間に典薬寮の医師が産婦に薬を飲ませているが、薬を飲ませる際には焼け石に酢をかけて産婦を正気づかせるまじないを執行している〔新村　一九九六　一七六～一七七〕。

儀礼としての甑落としが見られ、酢の利用が記述される。どちらも民俗的に興味深いものであるが、出産介助に焦点を絞ると、出産にあたって妊婦に対して前から介助する人と、後ろから妊婦を支える人がいることが分かる。さらに巫女や僧侶など宗教関係者もいることに注意しておきたい。『三重県看護史』を監修した松島博によると、「腰抱きの名称は、中世まではすべて産を扱う女の名称であった。江戸時代になって、男の腰抱が現れ、いわゆる取上婆に対して、取上爺とも称すべき職業ができた」〔三重県看護史編纂委員会　一九八七　四〕という。具体的には「江戸時代より明治～大正の頃までは出産は、産婆とか取上翁が当ったので、松阪では、明治～大正の頃中町に山本玄斎という男の産婆がいた」〔三重県看護史編纂委員会　一九八七　一一〕と報告している。

2 『八戸藩遠山家日記』にみる出産民俗

「遠山家日記」と家族

次に江戸時代における出産民俗を八戸《はちのへ》藩家臣（上級武士階級）の「遠山家日記」を素材として見てゆきたい。日記は遠山家七代の庄右衛門が寛政四年（一七九二）から書き始められているが、これは庄右衛門が家督《かとく》を継いだ翌年にあたる。以後庄右衛門は文政十二年（一八二九）に死去するまで書き続け、その後は息子の屯（安次郎改名）が引き継いで、その後も代々の当主が書き継ぎ、大正八年（一九一九）まで一二八年間にわたって一〇九冊の日記を残している。このような例は全国的にも類例が少なく、当時の武士の日常生活が分かる上でも貴重な文献である。遠山家は江戸勤務が長く、寛政三年ころに八戸に移り住んでいるが、八戸来住後の知行高《ちぎょうだか》は地形一〇〇石、金成二五石の計一二五石である。八戸藩における一〇〇石以上の武士は三七五人中八五人であるから、上級武士に属していた〔田中　二〇〇四　五八七〕。

庄右衛門は一〇人の子どもに恵まれた。（長男は早世し、文化十二年の赤子は流産であった。）四男吉蔵の出産時に妻が死亡するが、その翌年には後妻を迎えている。長女以下は後妻との子である。名前と出生年を示すと次の通りである。

長男　万之丞　寛政五年（一七九三）生まれ（早世）
次男　安次郎　寛政八年（一七九六）生まれ（家督相続）
三男　勝司　寛政十二年（一八〇〇）生まれ
四男　吉蔵　享和二年（一八〇二）生まれ（出家）
長女　お久　享和三年（一八〇三）生まれ
五男　幾蔵　文化二年（一八〇五）生まれ
六男　庄蔵　文化三年（一八〇六）生まれ
七男　元治　文化七年（一八一〇）生まれ
二女　おみえ　文化八年（一八一一）生まれ
三女　おまん　文化十年（一八一三）生まれ

ここで、十一人（うち最後は流産）の出産に関わる箇所をできるだけていねいに抜き書きしてみたい。本稿の分析対象としたテキストは、八戸市史編纂室の校訂になる『八戸藩遠山家日記』である。同書には冠婚葬祭や年中行事が詳細に記述されているので、時間軸をとりながら民俗事例を分析できるメリットがある。

日記に見る出産の事例

① 寛政五年（一七九三）九月十五日出生　万之丞

九月十五日　晴

一今朝五ッ時前妻安産致、男子出生、平田周庵老薬服用
一御番頭月番岩山庄太夫殿江届、以書状申上ル
一東仙老御内殿直々御尋被成下、所々若□□□□為知出
一東仙老より鴨二羽たうふ掛遣也

同月十六日　晴

一今晩東仙老より夜食うんとん三船到来
一今晩七左衛門様より夜食そは三舟来ル
一為中老御内様今晩御出被下ル、御夜食御持参

同月十七日　晴

一今日東仙老為御見舞御出被下

一今晩東仙老御内様御出、肴一鉢御持参被下
一川井園右衛門様より夜食そは三舟到来、平田周庵老よりそは三舟到来
一今晩戸来文英老御内殿御出、御肴代御持参
同月十八日　晴昼頃少々雨ふル
一湊造酒之進殿在より夜食の粉・青ほうかい到来
一太田八十助様より夜食うんとん五舟来ル
一池田新左衛門殿御母□□、夜食ひほかわ二舟到来（注　□□は恐らく「御出」）
一今晩八十助様御内様并彦総殿御内様御見舞被下、尤彦総殿御内様より肴代到来
同月十九日　晴
一今晩勘太夫様御内様御出、御肴代并重之内小豆飯煮御粉参、御吸物酒夜食差出
一今日堀野藤兵衛殿より為祝儀肴壱折・加□魚到来
一今日食到来左之通
大工頭市兵衛よりそば三舟、小野寺弥吉殿よりそば三舟、山崎清太夫殿よりそば二舟、戸来貢よりそは二舟、□□留右衛門殿よりひぼかわ二舟、右之通到来
九月二十日　晴
一今日妻枕引ニ付馬場より皆様御出可被下候処、御病気ニ付御出被成兼候趣御断、右ニ付乙名妻被参候、東仙老より来候品左之通
産衣壱ッ・樽肴代一折、右出生江、東山紙二□えきへ三百文、とり揚はゝ江百文、こしたき江

弐百文、総下女共江左之通目録相済、乙名妻持参、吸物酒夕膳差出相止ル
一今日枕引ニ付被参候人数徳秀老・八十助様・為中老御内様・松兵衛殿・岩井との・新丁はゝ、吸物酒夕膳一汁三菜料理差出
一出生名豊山寺□代より万之丞と貰、尤万之丞と申名者先祖庄太夫様御幼名ニ付、祖母様御付被成度由被仰付、万之丞ニ付ル
一親父様より引立并着物壱ツ出生江被下
一祖母様取揚はゝ江御盃被下節、鳥目五百文并肴一折呉ル
一こしだきすき母江鳥目弐百文呉ル
同月二十二日　晴
一今日産穢明申付出勤、尤御不参ニ相成候ニ付、津村靱負殿江罷越届ル
一此度夜食到来方江挨拶罷越ス
同月二十三日　晴
一此間妻出産之節豊山寺より御心付并出生名貰ニ付、乍礼青銅弐十疋持参

【解説】

夜食の到来は枕引の九月二十日まで続く。夜食としてうどんやそばが使われた。「今晩勘太夫様御内様御出」とあるのは、女性が泊まりにやってきていると推測される。いずれも夜食を持参している。出産日から詰めるのであるが、三日目には三人の女性が来ている。三日目に何らかの

儀礼が行われたのであろうか。

九月二十日に「枕引」をしているが、この日は出産日から六日目に当たる。枕引に伴う儀礼内容は文面からでは明らかにできない。この日は民俗的にはいわゆるお七夜《しちや》で、産婦はこの日を境に寝床から出られた。枕引に際して「とり揚は〻江百文、こしたき江弐百文」とある。さらに「祖母様取揚は〻江御盃被下節、鳥目五百文并肴一折呉ル」とあり、トリアゲババの存在は大きかったことがうかがえる。次いで「こしだきすき母江鳥目弐百文呉ル」とある。

② 寛政八年（一七九六）六月十六日出生　安次郎

一月九日

一今日妻帯致候付取揚は〻召呼

六月十六日　晴

一今日九ッ時頃妻安産男子致出生、織壁徳元老薬服用

一御用人中并近習当番江為知申遣、親類江は口上丈ニ而為知申遣

一か〻様并東仙老御内室早速為御見舞御出被下、御夕膳さし出、暮方清左衛門様御出被成下、御夜食小豆飯煮雑御持参被下

同月十七日　晴

一勘太夫殿より夜食うんとん三舟、岩井重郎兵衛殿より同二舟到来

一河内屋久兵衛殿参ル、麦ノ粉壱石つかい持参

同月十八日　晴

一今日内丸よりかゝ殿并多膳殿御内殿御出、御夜食冷麦被成下

一暮方東仙老御出被下

同月十九日　晴

一今日東仙老御内殿御出被下、おりの殿・御ぬい殿被参、おぬひ殿より肴代到来、弾右衛門殿より御夜食冷麦三舟到来、暮方より徳元老御内儀御出、御夜食冷麦二舟御持参、何れも江御夜食差出

同月二十日　晴大暑

一三浦安右衛門殿より夜食冷麦三舟到来

六月二十一日　晴大暑

一戸来文英老御内様御出、御肴代御持参、文英老より御夜食冷麦二舟到来

一小野寺郷助殿より御夜食冷麦三舟到来

一大田八十助様より御夜食麦ノ粉到来

一恵源殿より交肴五到来

一今晩勘太夫殿御内儀東仙老御内様御出、御交肴一折・小豆飯煮染御持参

一新宮近殿より夜食ひほかわ三舟到来

同月二十二日　晴大暑

一佐藤徳秀老より夜食冷麦二舟到来

一鮫村三四郎方より名代章次郎を以、為暑中見舞蚫（鮑）十五盃到来

同月二十三日

一妻徳元薬服用罷在候所徳元老病気ニ付、今日より徳秀老相頼

六月二十四日　大暑

一去ル廿二日枕引申所、祥進ニ付今日相祝、内丸よりかゝ様御出、出生名安次郎ト清右衛門様被成下、随而出生江ひとへ物二ッ被下、東仙老御内儀病気之旨御断り、高崎殿・おふり殿計参、何れも肴代持参、河内屋久兵衛妻しだみ持参

一取揚ばゞ江鳥目三十疋・樽肴代十疋呉ル、腰たき江百文、はゝニ頼遣呉ル

一御吸物御酒一汁三菜御夕膳さし出

一勇作妻乳付相頼候付、樽肴代拾疋差出

【解説】

この事例で初めて腹帯《はらおび》の記事が出てくる。すなわち「今日妻帯致候付取揚はゝ召呼」とある。六月二十二日の枕引は「祥進ニ付」という理由で延期をした。「乳付」役の女性も出てくる。

③ 寛政十二年（一八〇〇）閏四月二十九日出生　勝治（勝司）

閏四月二十九日

一御内様御安産御男子御出生之旨、八時頃山崎勘右衛門殿より為知有之、直々留守預幸吉殿を以
相届ル、近キ御親類中へ為知遣

五月六日

一今日御内様御枕引ニ付、□□殿御出、文肴一鉢御持参、子安は丶并腰たき其外下女共ほうひ、
外ニ入方壱貫文半□□□□迄被遣

一御出生之寿算祖母様より勝治と被遣

九月一日

一今日勝司喰初ニ付、子安ば丶召呼相祝、馬場御袋殿同断御出無之

【解説】

三男の出産にあたって、初めて「子安は丶」という言葉が出てくるのが特色である。この年は主人庄右衛門は参勤交代で江戸に詰めていたためか、日記の記事も至って簡素である。

④ 享和二年（一八〇二）六月十六日出生　吉蔵

正月二十五日　晴

一今日妻帯致ニ付、取揚は丶召呼、吸物酒夕飯差出、尤初而相頼候ニ付、肴代百文呉ル

六月一六日

一今暮頃より妻産心付、斎藤曽仙老早速相頼薬服用
一今晩五半時安産男子出生、其旨御用人中并御近習当番江、書中を以相届
一産後昇強候処、愈不相勝模様ニ付、曽仙老・竜碩老・薬順老・長元老相頼候得共、薬一円通り
少々、大病ニ相成四半時病死ニ付、右之趣御用人中并当番御近習江も届手紙差出、且親類衆
一統江為知手紙差出、法光寺江も直々為知、并明十七日夕七時葬送致度旨案内申遣
同月十七日
一今日馬場之祖母様御出可被申候処、御気分不宜候ニ付、内丸かゝ様御出被下
同月二十日
一先頃申達置候出生乳物今晩召連罷出、尤通之勤ニ致候得而ハ、百姓共至而迷惑ニ付、十日代り
差出候筈申合候旨申出
七月三日　晴
一子安はゝ江生出為祝儀てうもく三百文、外さかな代百文今日為持遣
七月七日　晴
一今晩久慈より乳代り善七娘罷出
十月十八日
一今日日柄能ニ付吉蔵食初相祝、庄助并小安はゝ召呼、夕膳并吸物肴二種ニ而相祝

【解説】

今回は出産時に母が産死してしまうという異常事態である。日記には生まれた子どもの記述はほとんど無い。あるのは「乳代り」の女性を依頼していることであり、初七日《しょなのか》が過ぎ、一段落したところに子安《こやす》婆に祝儀を出している記事が載る程度である。妊娠五か月目と思われる正月に「帯致」として腹帯祝いがあったが、このときはわざわざ「取揚は丶」と記載し、トリアゲババに贈り物をしている。これは今までお願いしてきた旧知のトリアゲババではなく「初而相頼候ニ付、肴代百文呉ル」とわざわざ断っているように、新たに頼むことになったトリアゲババであった。

なお、母の顔を知らずに生まれた吉蔵は、後に縁あって仏門に入る。それは母が死産であったことと関係があるのだろうか。七月十日には後妻についての相談があり、八月二十五日には後妻を迎えている。現在の感覚では考えられないほどの早い対応に驚くばかりであるが、乳飲み子をかかえている事情がそうさせたと考えられる。

⑤ 享和三年（一八〇三）十一月二十九日出生　お久

十月六日　雨

一今日吉辰ニ付、妻着帯祝候ニ付、儀兵衛殿御内儀御出、肴代弐十疋并帯壱筋花染為祝御持参、吸物肴三種、夕膳壱汁三菜ニ而差出、取揚は丶召呼肴代百文差遣、内丸母上様江も御出被下候申上候処、御断ニ而御出無之

十一月二十八日　晴

一今暁より妻産心地ニ付、義兵衛殿御内様江為知申上、直々御出

一今日共ニ出産無之

同月二十九日　晴

一今暁八時過安産女子出生

一無人ニ付、内丸より仲間壱人昨暁より御無心申置

一今晩定四郎殿御内夜詰ニ御出被下、そはの粉一重・とうふ七丁持参

十一月三十日　晴

今夕方より内丸母上様并多膳殿御内儀、為御見舞御出被下、御夜食ひほかわ三舟、塩引一尺木

綿□□着物壱被成下、寝間泊り夜食差出

一明朝徳助相下候旨申達、名主江書状差遣、妻出産之旨為知申遣

一河内屋より寒気為見舞、あま酒到来

十二月一日

一逸見弾右衛門御内御出、夜食そは三舟到来

一岩間与蔵殿より夜食温飩二舟、吉岡蔵人殿より同三舟到来

同月二日　晴

一加藤亘殿・遠藤多十郎殿より夜食三舟宛到来

一河内屋源右衛門母為見舞参、そはの粉壱重持参

同月三日　晴

一太田栄馬殿御内御出、そば三舟到来

一黒沢新右衛門殿より夜食うんとん三舟到来
一田名部義兵衛殿御内儀御出、夜食うんとん三舟持参、御吸物御酒夜食差出
同月四日　晴
一殿様今日四時御供揃ニて、法霊・神明・三社江御社参被為遊候ニ付、門前掃除之義申来
一明日妻枕引ニ付使差遣、左之通
内丸　弾右衛門殿　栄馬殿　亘殿　多十郎殿　与蔵殿　新右衛門殿
右之通御内儀昼頃より御出被下候様申遣
極月五日　晴
一今日枕引ニ付、内丸母上様并義兵衛殿御内儀・栄馬殿・曽仙老昼頃より御出、取揚はゝ・腰だき・おきぬ母も参ル、義兵衛殿御内儀花染ひったて壱ツ・肴一折・鱈壱本御持参、吸物酒肴浜焼共ニ五種ニ而夕膳、鱒汁平焼物計ニて差出、勝手多七郎殿・多助殿相頼
一出生名祖母様江相願、お久と御付被成下
一取揚婆殿江平馬盃遣、其節鳥目三十疋并樽肴代百文差遣、腰だき江弐百文呉候、里方より婆殿江弐百文、こしだき江百文来ル
一肴代到来左之通
内丸　大之進殿　栄馬殿　亘殿　多十郎殿　与蔵殿　新右衛門殿　彦市殿　河内屋より酒壱升到来
一おきぬ出産翌日より今日迄相頼置候ニ付、鳥目百文呉遣

【解　説】

今回の出産記事の中に初めて「夜詰」の語が出てくる。これは今まで「○○殿御内儀御出」とあるように出産当日からやってきてくれる女性たちの役割と同じものである。夜食を持参するということは一昼夜を産婦と共にすることで、具体的に何をするかは不明であるが、その女性たちは「寝間泊り夜食差出」とあるように、産婦と一緒に寝泊まりしたと考えられる。その労苦に報いるべく産後七日目の枕引には夜詰に来てくれた女性を中心に近い親類の女性が招待されている。

⑥ 文化二年（一八〇五）四月二日出生　幾蔵

四月二日　雨

一今暁六時妻出産、男子出生、曾仙老相頼薬服用
一右出生之旨、当番御目付江相届候事
一右安産之旨、親類衆江以書状、為知申遣候事
一義兵衛殿よりそはの粉二重来ル

同月三日　晴

一内丸より夜食うんとん五舟到来
一河内屋八右衛門妻為見舞罷趣、そはの粉壱・ほつかひ到来

同月四日　晴

一今日内丸母上様并御内儀共ニ御出被成

同月五日　晴

一逸見弾右衛門殿御内方より、夜食ひほかわ三舟到来

同月六日　晴

一今晩義兵衛殿御内殿御出、夜食ひほかわ三舟御持参、多七郎殿内儀も御出

同月八日　晴

一今日妻枕引ニ付、定四郎殿・曾仙老・伯仙老・多七郎殿被参、夕飯前吸物肴三種差出、壱汁壱菜夕膳差出

一出生名祖母様より幾蔵と被成下

一取揚はゝ江盃事之節三百文、外ニ樽肴代百文呉候遣

一腰たき江百文呉候事

一内丸より御下女、二日より今日迄御無心申置候付、百文呉遣

【解説】

内丸、これは庄右衛門の実家で、そこから下女が派遣された。それは妻が出産してから枕引までの七日間である。産婦のそばに詰めてくれる女性がいなかったためであると考えられる。

⑦ 文化三年（一八〇六）十月二十五日出生　庄蔵

十月二十五日

一今晩五時前妻安産、男子出生
一斎藤曾仙老相頼薬服用
一義兵衛殿御内儀御出被下候申上候所、御病気之趣ニ而、定四郎殿御内儀并おふくとの参ル
一無人ニて手合かね候ニ付、まけし妻相頼、今晩中差置

十月二十六日

一昨夜妻安産之旨、親類衆江今朝以手紙為知遣
一内丸母上様弾右衛門殿御内方御出、夕膳差出、内丸より御夜食うんとん五舟、源右衛門殿御内方三舟持参
一今晩多七郎殿夜詣（詰）相頼

同月二十七日

一今晩徳元老御内儀御出、御酒御夜食差出
一今晩夜詰人無之、内丸より御下女壱人御無心申、差置

同月二十八日

一今晩定四郎殿御内儀、夜詰ニ御出

同月二十九日

一今晩まけし妻夜詰ニ参呉ル

十月晦日

一逸見弾右衛門殿被参、到来之夜食振舞、相返

十一月一日

一今日枕引ニ付、内丸并弾右衛門殿・義兵衛殿江皆様御出之義申遣候所、不残御断

一取揚は丶江三百文并弐百文樽代肴代として呉ル、尤いつも樽肴代ハ百文宛呉来候得共、当年ハ帯之祝ひも不致差置候付、弐百文差遣、且腰たきは丶江百文呉ル、何れも包水引結

同月四日

一まけし妻此度ハ出産之節より、夜詰等も相頼難儀相掛候ニ付、今晩帰候節東山紙一束呉ル

一右ニ付源右衛門御内方、并九郎兵衛殿御内方共ニ被参、夕膳さし出、勝手多七郎殿・太助殿・まけし妻并取揚は丶相頼

【解　説】

今回も手が無く使用人等を頼んだようである。それは「まけし妻」と敬称もなく書かれるだけでなく、「内丸より御下女壱人御無心申」とあることから推測できる。

⑧ 文化七年（一八一〇）一月二日生まれ　元治

正月元日　晴天

（中略）

一今晩五時より妻産心有之候付、太助殿御袋様御出、曾仙老江祈遣候所病気付不念、寿仙老者参

被呉、今晩留置

同二日　晴

一妻儀今晩六時至安産、男子出生産後共別条無之

一安産男子出生付、其旨御月番御番頭湊九郎太殿江、以切紙御届

一妻安産親類衆江為知、左之通

内丸　源太郎殿　亘殿　徳元老　蔵人殿　栄馬殿　太助殿　多七郎殿　柴右衛門殿

右之通以手紙為知申遣

一今朝太助殿御袋様御帰被成度趣ニ候得共、無人ニ而間ニ合かね候付、暮頃迄御留申置

一産穢付、今朝若水并雑煮共ニ相払、神明とうみやうも上不申事

一今晩夜詰人無之付、勘之助殿御袋相頼

同三日　晴

一妻出産付、内丸より夜食うんとん并串貝二十五、さゝけまめ少々来ル

一今晩夜詰定四郎殿御内殿・おふくとの御出、肴代到来

同四日　晴

一田名部太助殿より産婦為見舞、夜食うんとん四舟来ル

一今晩三十郎殿御袋夜詰相頼

一今晩斎藤曾仙老、産婦為見舞参被呉

同六日　晴

一逸見弾右衛門殿御内方、産婦為見舞御出、夕膳差出

同七日　晴

一明日妻枕引付、内丸并太助殿へはゝ様御出御祝被下様、以使申遣

同八日　晴

一今日妻枕引付、太助殿御内方并御袋殿・高崎との・栄馬殿・八右衛門殿、取揚ばゝ計昼時より参ル、外ニ使差方より断ニ而不被参、夕膳壱汁三菜吸物肴五種差出、取揚ばゝへ庄右衛門盃呉付、鳥目三十疋并樽肴代十疋紙包水引掛ニて呉ル、こしだきへ百文呉ル

一出生名元治と庄右衛門より差遣、出生ニも壱汁三菜料理・鮮魚壱品附候事

【解　説】

今回も正月ということもあり、手がなかったようで夜詰の手配などが整っていないのは、「今朝太助殿御袋様御帰被成度趣ニ候得共、無人ニ而間ニ合かね候付、暮頃迄御留申置」という状況から分かる。

⑨ 文化八年（一八一一）七月十五日生まれ　おみえ（於美重）

六月十三日　晴

一今晩妻産心地有之ニ付、寿仙老相頼、取揚ばゝ朔日（町）之ばゝ此節病気ニ付、十八日町石切妻初而相頼、太助御袋様御出被下候所、明方より腹中痛も返御座無之

七月十五日　晴

一今日四半時妻安産、女子出生、母子共ニ相替儀無之

一右ニ付曾仙老相頼薬服用

一今朝出産前より、太助殿御袋殿御出被下候所、産後昼頃被成御帰

七月十六日

一弾右衛門殿御内方産帰為見舞、夜食冷麦三舟到来

一今晩為夜詰おふくとの被参

七月十七日

一今昼頃内丸母上様産婦為見舞御出被成下、御夜食麦の粉二重被成下、夕御膳并御酒差上ル

一今晩太助殿姉様御出、夜食うんとん三舟御持参、御夜食さし出

同月十八日　雨

一今晩弁次郎殿御内方御出、夜食うんとん来、其外遠藤多七郎殿御内様御□□御出、夜食さし出

七月十九日　雨昼過晴

一徳元老御内様御出、尤産婦為見舞

一おふくとの今晩被帰

同月廿三日　曇

一一昨廿一日妻枕引候所、帰社ニ付取込候間、祝差延置、今日相祝

一右ニ付客来、左之通

太助殿御袋様・要馬殿御袋様・高崎との・悦右衛門殿御袋・多七郎殿・文□老・取揚ばゝ・
腰たきおく・八右衛門
右之通昼時より被参、吸物壱肴五種、夕膳壱汁三菜、尤膾平□□□差出
一出生之名前、於美重と庄右衛門差遣
一取揚はゝへ妻より盃遣候節鳥目三十疋、外ニ樽肴代十疋呉ル、腰だき江百文呉候事
一兼て頼置候取揚はゝ、去月妻出産之模様之節、病気付十八日町石切妻其節相頼、一両度も罷越、太儀相掛候ニ付、鳥目百文を以為持遣

【解説】

おみえの出産に際して、まず注目すべきは、いままで頼んでいたトリアゲババが病気になったので、代わりに石切職人の妻であるトリアゲババを頼んだとある。しかし、このときは出産に至らず、実際に生まれたのは一か月後の七月十五日であった。そして実際の出産には従来のトイアゲババがその任に当たった。それは枕引祝いの際に、十八日町に住む石切職人妻のトリアゲババにお世話になったとしてわざわざ謝礼をしていることで理解できる。

また、七月十六日に夜詰に来た「おふく」は十九日夕方に帰っている。三晩続けて産婦のそばにいたことになる。

⑩ 文化十年（一八一三）閏十一月十一日生まれ　おまん（於満）

閏十一月十日　晴

一今晩妻産心地有之ニ付、太助殿姑様并取揚ばゝ・寿仙老へ相頼留置

十一月十一日　晴

一今晩四半時過妻出産、女子出生、母子共甚丈夫

一早ヶ取出産ニも相成不申ニ付、神道駿河御祈祷候事、御謹翁申通御初穂二十疋差遣、右御謹翁不参内安産ニ相成

一今晩おふくとの相頼、夜詰為致

一太助殿并曾仙老も被参、太助殿姑様は産後御帰被成

一妻今暁出産之趣を以及御届、身近親類衆計以手紙為知申遣

同月十二日　晴

一今晩おふくとの被帰、八弥殿夜詰相頼置

同月十三日　晴

一今晩清三郎妻・おミよとの夜詰相願置

同月十六日　晴

一今晩佐藤弁次郎殿御内方御出、夜食さし出

閏十一月十七日

一今日枕引候得共、十二日出生と及御届ニ付、枕計為下、祝ハ明日ニ致候事

同月十八日　晴

一今日妻枕引相祝候ニ付、内丸母上様并太助様御袋様、姉様、要馬殿御袋様・河八妻・取揚ばゝ・清三郎妻・寿仙老八時より被参
一出生名於満と庄右衛門より差遣
一取揚ばゝ江はゝより盃遣之節、三百文外ニ肴代弐百文さし遣・こしたきへ弐百文呉ル、尤取揚ばゝ江肴代百文、こしたきへ百文、いつもさし遣候得共、此度者二晩泊り候ニ付、右之通遣

【解 説】

今回の出産は二日に及んだためにトリアゲババとコシダキは二日間の勤めとなってしまった。そのために枕引祝いの後、二日分の手当を贈っている。夜詰には、おふくが出産早々に頼まれるが、そのほかに出産当日に二人来ている。しかし、一人の女性は生まれた後に帰っている。これを見ると、おふくと曾仙老の二人が夜詰をしたということになる。二日目にはおふくが帰り、八弥殿が夜詰に頼まれている。曾仙老といい、八弥といい、どちらも男性である。夜詰の役割は男性でも務まったのであろうか。

⑪ 文化十二年（一八一五）一月廿五日　流産

正月廿五日　雪
一昨夜中より妻儀腹痛肴之趣ニ付、寿仙老并取揚はゝ相頼置候所、血荒ニ相成、今朝穢為御届
一右ニ付太助殿へ為知遣、おふくとの相頼

一太助殿御袋様・おふくとの早速御出被下、おふくとの今晩夜詰頼置

同月廿六日　晴

一今晩夜詰幸助ばゝ・太助妻頼置

正月廿九日　晴

一今日妻枕為下ニ付、取揚ばゝ并太助殿・多七郎殿・文意老被参、吸物酒蕎麦差出、曾仙老ニも申遣候得共、断ニ而不参

一右ニ付、取揚ばゝ并重助妻江弐十疋宛呉ル

【解説】

庄右衛門の後妻に係る最後の出産である。それは残念ながら流産に終わってしまう。そのときでも急きょ手配をして夜詰を勤める人を決めている。

3　出産介助者トリアゲババとコシダキ

トリアゲババとコシダキの役割

「取揚ばゝ」という言葉は、妊娠五か月目あたりの腹帯祝いの際に「召呼」という形で出てくる。上級武士から見ると、トリアゲババやコシダキの身分はずいぶん低かったように思われる。

事例中には文化八年（一八一一）七月十五日生まれのおみえの場合には、石切職人の妻がトリアゲババであることが分かる。枕引祝いには夜詰に立ち会ってくれた女性とトリアゲババが呼ばれる。コシダキがもらう金額はおおむねトリアゲババの半額程度である。

コシダキの仕事内容など、その実態は不明であるし、もちろんトリアゲババの実際の仕事内容も日記からでは分からない。確実に分かることは、出産にはトリアゲババとコシダキの二人が関わっていたことであり、謝礼の違いからトリアゲババのほうが格上という印象がある。トリアゲババは腹帯祝いのときから呼び出され、妊婦の状態を把握しているようである。そして枕引祝いに正式に招待されるのはトリアゲババだけの場合が多い。一方のコシダキは、あくまでも助っ人という印象がある。出産介助の責任者がトリアゲババであるとすれば、そのアシスタントがコシダキであろう。

ここで改めて検討しておくべきことがある。一般に産婆のことをトリアゲババ、コトリ、コトリババ、コナサセババ、テンヤクババ、コズエババ、ウシロガカ、アラチバアサンなどと称する〔柳田　一九六九　四〇一～四〇四〕。コシダキは柳田国男の論考には収まっていない。青森県八戸市ではコナサセババの呼び名がある。コシダキは新潟県、島根県などで使用されている〔鎌田　一九六六　五〇～五一〕。

「遠山家日記」の場合は、トリアゲババとコシダキはセットになっており、コシダキはまさに産婦の腰を後ろから抱える役目であろう。民俗研究者は、コシダキもトリアゲババも産婆の範疇《はんちゅう》で同列に括《くく》ってきたが、この事例を見る限りはトリアゲババとコシダキとは別人物であることが判明している。出産介助のスタッフは、中心になるコーディネーターがトリアゲババで、そのアシスタントがコシダキと考えておくのが妥当なようである。一八〇〇年代には一人で出産介助をするのではなく、数名のスタッフによる連携技術が必要とされたということであろうか。

枕引は産婦の解放日

「枕引」は「まくらびき」と読むらしい。『日本産育習俗資料集成』の七夜・初外出の項目の青森県の箇所には「マクラビキ、あるいはマクラサゲというのが五日目または七日目の祝宴である。近親者を招き産婆、赤子の膳立てをして祝う」とある〔恩賜財団母子愛育会編　一九七五　三八〇〕。そして、昭和二十二年（一九四七）に刊行された『大銀杏』（小井田幸哉が編集）には、「マクラビキとは坐産の際に枕としてもたれている三方の藁束などを一束づゝ下げて、この日を以《もっ》て引き終り、或《あるい》は完全に枕を下げて横臥《おうが》することからの名である」と説明している〔青森県環境生活部県史編さん室編　一九九九　三三一〕。

出産後一週間くらいは産婦を座ったままにさせておく慣行と枕引は大いに関連がある。産後七日目に産婦は湯を使って着物を着替え、簀《す》を取り除いて畳を敷いて布団の上に初めて横になることが許されるのであるが、この日は「聟《むこ》方、嫁方から三、四人ずつ女客ばかり招ばれてくる」〔長谷川　二〇〇八　一三五〕という。現在の聞き書きで得られる民俗調査資料は、夜詰に関わっていた女性を招待する日であったことを暗示していないだろうか。

4　夜詰の慣行とヨトギ

夜詰の慣行と睡魔放逐

夜詰は「よづめ」と読むのであろう。「遠山家日記」の場合には、夜詰という言葉は、享和三年（一八〇三）のお久出生が最初である。具体的には「今晩定四郎殿御内夜詰ニ御出被下」とある。それ以前の日記には「今晩〇〇様御出」とあり、その後に夜食持参という記録が続く。夜食を持参しているところをみると、これは徹夜を意味すると考えてよいであろう。庄右衛門の後妻が文化十年（一八一三）に生んだ子の場合、夜詰にはおふくという女性が出産早々に頼まれている。そのほかに出産当日に二人来ている。しかし、一人の女性は生まれた後に帰っているから、おふくと曾仙老の二人が夜詰をしたことになる。二日目にはおふくが帰り、八弥殿が夜詰に頼まれている。夜詰に立ち会う人の多くは女性であった。しかし、文化三年（一八〇六）には多七郎、そして文化八年（一八一一）には八弥殿が夜詰を頼まれている。八弥も多七郎も男性と思われるが、夜詰の役割は男性でも務まったようである。

この夜詰と関連して、明治中期の通過儀礼を報告した井上頼寿『改訂京都民俗志』には「上京区北野では、産婦は藁《わら》の上に正座する。どの家庭でも梅干を作るが、そのとき梅を干した俵をほどいて筵《むしろ》風にし、その上で産むのである。梅干の藁は安産の呪いだという。……産後は産婦を一週間は眠らせない。傍には、産婦が目を開いているように番をしている女性がいる。（中略）左京区大原では……正座して産み一週間は目をつむらない。姑がこわくて、少しまどろんでもはげしく叱られる」〔井上　一九六八　三〕とある。夜詰は、産婦が産後一週間ほど寝ずに過ごすという出産習俗が前提としてある。

管見《かんけん》では現在の八戸市、あるいはもう少し範囲を広げて青森県域をみても、夜詰の習俗は報告例がない。民俗事例としては絶えて久しい習俗の一つであろう。しかし、夜詰の習俗を想像させる民俗事例は存在している。津軽地方にサントノスという習俗がある。サント（産婦のこと）は藁で作った鳥の巣状の中で出産をするが、そこで七日間を過ごすという。時代が下ると、産んでからサントノスに籠るという変化が見られるという〔松岡　一九七〇　二二四〕。産後七日間の血のケガレと忌みの強さも手伝って、産婦はもちろん家族も別火《べっか》で食事をし、産婦は外出も制限された。八戸市尻内町大仏では、昭和十七年（一九四二）に出産した女性はサントノスの中で一週間を過ごしている例が報告されている〔青森県環境生活部県史編さん室編　一九九九　一三六～一三七〕。次にこの七日間にどのようなことが行われていたのか。それを次に考えてみたい。

夜詰とヨトギの関連性

産室で産婦と赤子《あかご》を守るために夜を徹する人びとがいた。それは産婦にとっては近しい身内の女性たちである。夜通し誰かが産婦に話しかけて寝かせないようにしたのである。これをヨトギともいう。ヨトギに関わるものに江戸時代に流行した「産椅《さんい》」がある。主に上流階級の女性に用いられた用具で、出産後に七日間、産婦を寝かせないようにするために考え出された。この座椅子は関西では「産椅」と呼ばれ、関東では「産籠《さんかご》」と呼ばれていた。形状は産婦が寄りかかれるもので、背が高く、座部には畳が敷かれ、産婦が座ると布団を掛ける。その状況が鳥の巣ごもりに似ているところから、この産椅は「鳥の巣」などと呼ばれた。民間でス（巣）というのがそれに当たると思われる。この産椅の機能はひとえに産婦を眠らせないためのものである。

江戸時代には、この産椅を批判する人もいた。回生術を考案した賀川玄悦《かがわげんえつ》（号子玄）が著した『子玄子産論』によると「始メ産シテヨリ七昼夜、又睡《ねむり》テ首ヲ俯《うつむく》ヲ許サズ。是ニ於テ看視《とぎ》ヲ代設シテ相守テ旦《あした》ニ達ス。少モ偏側《へんそく》スルコト有レバ、叱テ之ヲ改メセシム。一七日《いちしち》ニシテ始テ纔《わずか》ニ此ノ苦楚《くそ》ヲ免ル」とある。これを現代語訳した産科文献読書会によると「出産後七昼夜の間、眠って首を俯くことを許さない。この際、看視人を代わる代わる付けて朝まで見守らせる。少しでも傾いていれば叱ってこれを改めさせる。七日たって始めて、この苦しみから免れることができる」となる。さらに続けて「今日では、上は天子の后妃から、下は武士や庶民の妻妾まで、皆この厳しい責苦を受けることに甘んじない者はいない。幸いにしてこの苦しみを免れる者は、山野海浜に住む樵や漁師の妻のみである」〔産科文献読書会編　二〇〇八　一三〇〜一三一〕と書かれる。『産論』は明和二年（一七六五）刊行である。眠らせない行為は現代の感覚では拷問のように見える。しかし、当時はそうしなければ産婦は血のケガレから逃れられないと信じられていたのである。その時代の感性を理解した上で事例を検討する必要がある。

ここでヨトギについて考える。ヨトギとは、睡魔放逐《ほうちく》の手段として産婦にとって身近な女性が産室で火を焚いて一緒に一夜を過ごすものである。火を焚くのは単に暖をとるというものではない。夏場でも火を焚《た》くのであるから当然別の意味があると思われる。出産が済んだばかりの産室には獣を始め、目に見えない魔物たちが、誕生したばかりの赤子を狙う。火はその襲来から除《よ》ける機能を持つとされる。この火のまわりに座った女性たちが夜語りをするのがヨトギであった。四方山《よもやま》話をしながら夜を徹することに意味があり、野村敬子は「母性を享《う》ける転換のエネルギーは、実母・姑などサンバの不眠のヨトギに根ざすものと思われる。子産みの場は、母なる新たな力を込める再生の場としての籠《こも》り処でもある」と述べている〔野村　一九九〇　一四六〕。

ヨトギには火焚き習俗が付随する。出羽地方を旅した菅江真澄《すがえますみ》の「ふでのまにまに」には「うぶやの火焚」として次のような記事がある。「産婦あれば、その家に伽に往女、火焚きに行クといふ、そは、夜もすがら起居て火をたくこと也」〔菅江　一九七四　一四三〕というのは、伽《とぎ》と火焚きの重要性を物語るもので、当時は既に沖縄地方のユートジと類似のものであると認識されていた。東北地方における産室のヨトギは、多くは産婆やコシダキと呼ばれた出産介助者が広めたとされる。そのために産婆たちは昔話の継承者でもあった〔野村　一九九七　五六〕。天明期から文化年間の三十余年間にかけて書き継がれた根岸鎮衛《ねぎしやすもり》『耳袋』には「奇子を産する事」があり、そこにはケッカイのことが記述されている。ケッカイについて語ったのは出産に立ち会った「夜伽なる老女」で当時、「夜伽」という出産に関わる職業女性がごく普通に存在していたことが分かる資料でもある。逆に当時はそのことが当たり前であったためか、具体像が記録に残っていない

〔根岸　一九九一　一一一〕。

消滅した夜詰の習俗

現在、産育習俗としての夜詰の慣行は青森県内では聞かれないという。(1) 管見では周辺の民俗調査報告書にも見あたらない。二百年前の八戸では確かに存在した言葉であるが、僅《わず》か二百年で人びとの記憶から消失するものなのだろうか。ごく一般的に言って、人びとにとって必要のないことや都合の悪いことは記憶しない、あるいは記憶されない。出産習俗は明治以降大きく変わってきた。明治政府発足時から産婆への取り締まりが厳しくなったことであり、衛生管理の厳しさは富国強兵政策とも関連しているが、特に近代医学の導入と共に古い習俗は、遅れた排除される対象であった。夜詰の慣行のように、七日間もじっと座っているという耐え難い苦しみを与えてきた習俗は、近代産婆から真っ先に批判されるものであった。とすれば、夜詰の慣行はいつごろまで存在したのであろうか。『日本産育習俗資料集成』には見られないことから、少なくとも昭和十年（一九三五）ごろには記憶に残らない過去の伝承になっていたと推測される。

屋代弘賢《やしろひろかた》（一七五八～一八四一）が文化十年（一八一三）ごろ、全国に民俗調査アンケートを出した諸国風俗問状の答書の一つである『出羽国秋田領風俗問状答』には「倚子、産籠なんどあらぬものは、藁を多くつかねくくりて、左右へ置き、いつれ産婦の正しく坐して、傾かぬやうにする。この藁に糯のわらを忌む。」〔平山敏治郎ほか編　一九六九　五〇五〕とあり、また『若狭国小浜領風俗問状答』の「産所の作法、まじなひの事」の項目に次のような答えがある。「殊なるましなひ、祈祷の類、定まれる義無御座候、産婦の事、三四十年以前迄は、倚子《いす》に座して臥す事を忌候へとも、香川氏の医流行《おこな》はれ、今にては倚子など用るもの甚稀にて、横にもふし候。」（平山敏治郎ほか編　一九六九　六五一）とあり、また『越後国長岡領風俗問状答』には「産台を用るはまれ也」（平山敏治郎ほか編　一九六九　五五五）とあり、産台を用いることが少なくなっていることを示している。

わずかな事例であるが、この風俗問状が出された当時、賀川玄悦が明和二年（一七六五）に著した『産論』から四〇年以上を経過し、若狭国では賀川流産科学が浸透しており、産椅使用はきわめて稀であると報告された。この産椅は、産後七日間は産椅に正座して昼夜看視されながら眠らせないための用具であるが、その利用は上流階級だけで、一般農民の多くは藁を用いた産処をしつらえ、そこで出産を行っていた。産椅の利用は『産論』のキャンペーンとともに減少していったようであるが、諸国風俗問状の時代、八戸地方で産椅が用いられていたかどうかは不明である。史料から見る限り、産婦は七日間はじっと動かさずにしていたことだけは間違いない。それが夜詰慣行の主目的であったと思われるからである。そうすると、俵や稲藁を積んで囲いをして、それに寄りかかれるようにした設《しつら》えは機能的には産椅と同じであり、産椅を用意できるかどうかは経済力の問題であって、問題の本質は変わらないのである。

《注》

（1）ヨヅメの言葉は葬式の場合には出てくる。『馬淵川流域の民俗』によると、通夜のことをヨヅメといい、死んだ晩から葬式の前夜まで毎晩近親者が朝までヨヅメをした。〔青森県環境生活部県史編さん室編　一九九九　一四八〕

《参考文献》

青森県環境生活部県史編さん室編　一九九九　『馬淵川流域の民俗』　青森県
井上頼寿　一九六八　『改訂京都民俗志』　平凡社（東洋文庫）
恩賜財団母子愛育会編　一九七五　『日本産育習俗資料集成』　第一法規出版
鎌田久子　一九六六　「産婆―その巫女的性格について―」『成城文芸』四二号
小泉和子　一九八七　「産椅」『週刊朝日百科日本の歴史』四三号　朝日新聞社
産科文献読書会編　二〇〇八　『平成版　産論・産論翼』　岩田書院
新村拓　一九九六　『出産と生殖観の歴史』　法政大学出版局
菅江真澄　一九七四　『菅江真澄全集』　一〇巻　未来社
田中直美　二〇〇四　『『八戸藩遠山家日記第一巻』解題』　八戸市立図書館市史編纂室編『八戸藩遠山家日記』　八戸市
根岸鎮衛　一九九一　『耳袋』下　岩波書店（文庫）
野村敬子　一九九七　「昔話と女性」『岩波講座日本文学史』一七巻　岩波書店
野村敬子　一九九九　「産室の語り―サンバの語りをめぐって―」　飯島吉晴編『民話の世界・常民のエネルギー（日本文学研究資料新集10）』　有精堂出版
吉村典子　一九九二　『子どもを産む』　岩波書店（新書）
杉立義一　二〇〇二　『お産の歴史―縄文時代から現代まで』　集英社（新書）
長谷川方子　二〇〇八　「生育儀礼の地域的特色と子育て観」『青森県の民俗』八号　青森県民

俗の会
八戸市立図書館市史編纂室編　二〇〇四　『八戸藩遠山家日記』一巻　八戸市
八戸市立図書館市史編纂室編　二〇〇六　『八戸藩遠山家日記』二巻　八戸市
平山敏治郎ほか編　一九六九　『日本庶民生活史料集成』九巻（風俗）　三一書房
松岡利夫　一九七〇　「婚姻と出産」　和歌森太郎編『津軽の民俗』　吉川弘文館
柳田国男　一九六九　「産婆を意味する方言」『定本柳田国男集』一五巻　筑摩書房

トリアゲバアサンから助産師へ

1　トリアゲバアサンと生殺与奪権

産婆《さんば》には二種類ある。一つはトリアゲバアサンと通称される産婆で、もう一つは基礎医学や実技・実習を産婆学校で学んだ女性たちで、どちらも産婆と呼ばれていた。それでは実際に混乱が生じるので、学術論文など厳密さが要求される場合、従来の資格を有する産婆を「近代産婆」（あるいは「新産婆」）と呼ぶ。近代産婆は助産の仕事を生活の糧《かて》とするので、労働対価として謝礼金をもらう必要があった。資格を持つ近代産婆というのは職業女性なのである。

柳田国男は「産婆を意味する方言」で全国各地の産婆方言を紹介している。それによると、トリアゲババ（大和・美濃）・ヒキアゲババ（中国四国地方）・コトリババ（茨城・群馬）・コナセババ（東北地方）・コズエババ（鹿児島県）などの呼称があり、宮城県仙台市ではウシロガカともいう。

茨城県や群馬県のコトリババは「子取り婆」で、「コトリ」には「収容」の意味がある。そして「トリ」は「捕る」の意味ではなく「養子にとる」の「取り」で、養子を家族の一員に加える、あるいは採用するという意味がある。東北地方のコナセババの「コナセ」は、子を「成す」ことで出産することであった。コナセババは子を成す女性という意味である。宮城県仙台市のウシロガカは、産婦を後ろから抱いて介抱する状態を表現した言葉と考えられている〔柳田　一九六九　四〇一〜四〇四〕。本稿では、これら多様な呼称を「トリアゲバアサン」の語に代表させて使用することにしたい。

トリアゲバアサンの仕事は、分娩《ぶんべん》の介助と胞衣《えな》の処理、そして生まれてきた赤子と産婦の世話など多岐にわたる。妊婦が自力で出産するのを助ける役目で、いわゆる介添えや介助といった範疇の仕事内容であり、手先の器用な近所の女性が無償のボランティアとして活躍した。妊婦が大変世話になるにもかかわらず、出産に関わる謝礼は必要なく、せいぜい気持ち程度の謝礼でよかった。それでも、お七夜《しちや》、食い初め、初誕生など、折り目ごとにトリアゲバアサンは招待され、赤子とトリアゲバアサンとのつきあいは一生続くのであった。

トリアゲバアサンは自分でも出産を経験しているので、妊産婦の身体の変調や悩みなどを経験知として理解できたし、数多くの出産に関与し、技術力も高く、体験豊富な先輩として対処することができた。しかし、特殊な出産の場合は専門性が高く要求されるために、介添えを中心とするトリアゲバアサンには難易度の高い出産に対しては限界もあった。

群馬県吾妻《あがつま》郡吾妻町岩島（現東吾妻町）では、トリアゲバアサンは高齢の女性が勤めていた。

そうすると生まれてくる赤子が長寿にあやかれるという。これはトリアゲバアサンの呪術的側面を裏付けるものである。柳田国男は、トリアゲルという言葉について「今はたゞ抱き取るといふ位の感じに用ゐられて居るが、事によると最初今少しく込入つた意味があつたのかもしれぬ」と述べており、また九州地方のコズエババ・コゼンボ・コズイなどはいずれも子を据えるという語の変化した形で、子を据える、すなわち把持《はじ》することであり、これは生存の承認であったと指摘している〔柳田　一九六九　四〇二～四〇三〕。この考えは牧田茂によってさらに敷衍《ふえん》され、「赤ん坊を神の世界からわれわれ人間の世界へ、取り上げる、引き上げるという意味だった」と説明される〔牧田　一九九〇　七七〕。民俗学の解釈するトリアゲルという言葉について、『お産革命』を著した藤田真一は次のように述べる。

母親が文字通り「産み落とす」のを「取り上げる」のが、そのころまでのお産であった。民俗学者は、この「取り上げる」という言葉を、娩出時の物理的なすがたとは考えず、赤ちゃんを神々の世界から人間の世界に「トリアゲル」「ヒキアゲル」という意味が込められていた、と解釈する。昔の日本人が、産まれたばかりの赤ちゃんをすぐに人間社会の一員とは認めず、神々からの預かりものとして、養育できないときは容赦なく間引いた〔藤田　一九八八　一三〇〕

藤田は、トリアゲバアサン時代の出産について「浣腸なんてしなかったから、いきむと、大便はでるし、全体にきれいな仕事じゃないから、よほど気丈で、好きな人でないと、トリアゲバアサンは務まらなかったねえ」と語るトリアゲバアサンの言葉を記録した〔藤田 一九八八 一五四〕。そして昔の日本人は、生まれたばかりの赤子を人間の仲間と思っていないし、間引きは殺すのではなく返すのだという民俗学の通説を紹介した。トリアゲバアサンは、産婦が赤子を生むのを手伝う女性というだけでなく、もう少し複雑な役割をもっていたと柳田は推測した。それは「小児生存権の歴史」の中で次のように記される。

次に取上婆が重要な意味を持つて登場する。これは所によるとかなり大きな権力を持ち、婚礼の時は親類の席に列し、盆暮には挨拶し、冗談だが「私が取上げなかつたら貴方は今ゐたかどうか判らないぢやないか」と力んで俺を大事にしろと云ふやうなことを云ふと聞くことがある。これは矢張り捨てるものを俺が拾ひ上げてやつたと云ふ言葉でこれは生存の承認の重要なものである〔柳田 一九六九 三九六〕。

このようにトリアゲバアサンは生殺与奪権《せいさつよだつけん》を持ち、現代とは異質な「いのち」の認識を持って出産に対峙《たいじ》していたと考えられている。これに対し、西洋医学の知識を産婆学校で専門に履修した近代産婆たちは、生まれてくる小さな「いのち」は、神聖で大切なものであるから、堕胎《だたい》や間引きなどの悪習は、絶対に許してはいけないという認識をもっていたと言われる〔宮坂 一九九五 一〇〇〕。言葉を換えれば、近代産婆は生まれてくる赤子の生存権確保に大きく貢献したと言える。赤子の「いのち」を尊重し、堕胎させないのは富国強兵という国家の理念と関わりながら、人口増加政策の一つとして考えられていたし、近代産婆の時代になって初めてそのような思想が広まったということ自体、トリアゲバアサンが出産と同時に堕胎にも深く関わっていた事実を示すものであろう〔湯川　一九九〇　二三四〕。

出産と同時に堕胎や間引きにも関わったとされるトリアゲバアサンの存在を明らかにした湯川洋司は、取り上げることの意味について次のように述べている。

> トリアゲルとは、子どものいのちを選択する必要に迫られるなかで意味をもった行為だということである。無資格の産婆が排除され、科学的知識と技術を備えた助産婦の活躍が次第に拡大する過程を通じて、子どものいのちは選択されるものでなく、無条件に生かされねばならない存在とみなされるようになったことは確実である〔湯川　一九九〇　二三六〕。

湯川は、無資格の産婆は生まれてくる赤子の生殺与奪権を持ち、「いのち」の選択の必要に迫られ行っていたトリアゲルという行為が、変化していることを指摘した。それは産婆から助産婦への変化する時代の変化と関わる。助産婦は、生まれてくる赤子を生かすことに力を注ぐ立場にあった。そのために子どもの「いのち」は選択されるものではなく、生かされるものに変わっていったという湯川の見解は首肯《しゅこう》できる。これは近代産婆が赤子の「いのち」の確保に大きく貢献したことを示すものでもあった。また、トリアゲバアサンは地方によっては特殊な家筋や地区に限られるなど、家格の問題も含めて比較的低く見られる傾向があった。技術を要することはもちろんであるが、産のケガレに触れることから、専業化と賤視《せんし》の傾向があったことも重要である。

2 産屋でのお産

病院などの施設分娩が主流になる以前は、自宅で出産する場合が多かった。地方によっては妊婦の家族や地域社会の人びとがわざわざ妊産婦のために特別の場を設けることも行われていた。一般的な出産の場は、自宅の納戸《なんど》と呼ばれる日当たりの悪い奥の部屋を産部屋として用いた。しかも二一日間程度の忌《い》みの期間があるというので、忌みが明けるまでは外出はもちろん、神棚の前を通らないようにしたりした。それが顕著なものとして、いわゆる「産屋《うぶや》」がある。呼称はサンゴヤ、オブヤ、ベツヤ、ヒゴヤ、デーベヤなどさまざまであるが、いずれも家から離れた場所に設置され、家族と隔離された空間で出産とその後の期間を過ごす場であった。福井県敦賀市のサンゴヤは、一九七〇年代まで使用されていたというが、全国各地に残る産屋の多くは昭和十年代に消滅してしまった。

敦賀市常宮のサンゴヤは天井から力綱《ちからづな》が下がり、浜砂を敷き、その上に藁《わら》とムシロを敷いてそこで出産した。座産による出産方法であった。食事は家族と別火で調理することになっているなど、ケガレ意識が強く、三〇日間過ごし、産屋を出るときはコヤアガリといって身を清めて着物を着替えてから家に帰ったという。京都府福知山市三和町大原の産屋は、大原神社近くにたち、切妻《きりづま》屋根の茅葺《かやぶき》家屋として現存する。内部は三畳ほどの空間で、大正時代まで使われていたし、戦後も産婦が赤子と一緒に数日間こもる習慣が続いていたという。

3 産婆という言葉

江戸時代には産婆のほか、穏婆《おんば》、洗婆《せんば》、子取り婆《ことばば》、腰抱《こしだ》きなどバラエティに富む呼称が使われていた〔新村 一九九六 一八八〕が、明治元年(一八六八)の布達で初めて「産婆」の言葉が使われた。明治期の産婆制度は、旧来の産婆を取り締まることから始まった。明治政府は明治元年十二月二十四日、太政官布告第一一三八「産婆売薬ノ世話又堕胎ノ取扱ヲ為スヲ禁ス」を発布し、次のように産婆による堕胎や売薬《ばいやく》を禁止した。当時、産婆が堕胎に深く関わり、堕胎のための売薬を業とする者もいたため、明治政府はこれを大きな問題と認識したのである。

近来産婆之者共売薬之世話又ハ堕胎之取締等致シ候有之由相聞ヘ以之外之事ニ候元来産婆ハ人之生命ニモ相拘不容易職業ニ付仮令衆人之頼ヲ受無余儀次第有之候共決メ右等之取扱致間敷間筈ニ候以来万一右様之所業於有之ハ御取糺之上屹度御咎可有之候間心得兼ヲ相達候事

この布達は、今まで家族などの意思を受けて堕胎や間引きを行っていた産婆を取り締まることで、出産管理権を国家へ移す始まりでもあった。明治十五年（一八八二）には堕胎罪を規定した刑法が施行されている。堕胎は、江戸時代から明治初年における出生調節の最も確実な手段の一つであると人びとに認識されていたのである。堕胎を犯罪とする考え方は、欧米先進諸国の生命尊重の精神のもとに蛮風《ばんぷう》を改めるという眼前の目標があったといわれるが、実際には富国強兵・殖産《しょくさん》興業のもとで豊富な産業労働力と兵力を国家が必要としていたのであった〔新村　一九九六　二四二～二四三〕。なお、教育を受けた近代産婆はいつの間にか医師の助手的立場に成り下がったというのが実状であった。

そして、明治七年（一八七四）の医療に関する基本を定めた「医制《いせい》」において、助産職が法令で規定されて産婆と産科医の業務範囲が明確になった。産婆の業務は正常分娩の介助に限られ、薬剤・産科器械の使用が禁じられた。しかも産婆の営業資格については、四十歳以上で、婦人・小児の解剖生理および病理を学んだものとされた。四十歳以上という年齢制限を設けたのは、本人の出産経験も含め、出産介助の体験を重視した結果であろう。さらに産科医の目の前で平産《へいさん》十人、難産《なんざん》二人を実際に取り扱った経験の持ち主であることとした。経過措置として産婆を営む者がいない地域では、医務取締の見計で仮免状を授けることができた。これは現状の産婆を追認し管理することでもあった〔西川　六二〕。この医制は東京・大阪・京都の三府に達せられたもので、他県ではこれにならった規定が出されている。

これが全国レベルで統一されるのは、医制発布から二十五年後の明治三十二年（一八九九）である。この年に「産婆規則」が制定され、「産婆名簿登録規則」「産婆試験規則」が公布された。それに伴い、産婆は二十歳以上の女子で、一年以上産婆の学術を修業した者が地方長官の行う産婆試験に合格し、産婆名簿に登録を受けて産婆業務を営むことと規定された。こうして西洋医学の知識と技術を持った新しい近代産婆が誕生することになった。新しい産婆は旧来の産婆と区別するために、「近代産婆」（あるいは「新産婆」）と呼ばれ、全国的に統一された資格と業務内容により、管理の一元化が図られることになった。従来内務省または地方官庁から産婆の免状を得ている場合に限り、六か月以内に履歴審査をして名簿搭載《とうさい》ができた。さらに近代産婆がいない地域では地方長官が履歴審査をして業務名簿に搭載が可能であった。これを限地開業といい、経過措置として存在した制度である。その結果、大正期には一言で産婆といっても新旧の産婆が存在し、資格について見てゆくと、近代産婆は「試験及第」と「指定学校または講習所卒業」に分かれ、さらに旧産婆は「従来開業」と「限地開業」とに区分することができる〔西川　一九九七　六五～六六〕。

4　産婆の呪術的機能

産婆には、子どもの「いのち」をこの世に安置してくれる呪術《じゅじゅつ》者としての機能がみられる〔鎌田　一九六六〕。民俗学的立場からすると、呪術的な側面を深く掘り下げる必要がある。しかし現在の民俗資料の中に、子どもの「いのち」をこの世に安置してくれる呪術者としての産婆の痕跡《こんせき》を確かめることは難しい。わずかな事例であるが呪術的な側面を持つ産婆を次に紹介しよう。

江戸時代の紀行作家であった菅江真澄は、現在の秋田県山本郡あたりを歩き、「産婦あれば、その家に伽に往女、火焚に行くといふ、そは、夜もすがら起居て火をたく事也」と記している〔菅江　一九七四　一四三〕。江戸時代の秋田地方では、出産時に夜を徹して火を焚いて産褥《さんじょく》を守る風があったことが分かる。これは、肉体の衰えた産婦を守ると同時に、生まれてくる新しい生命を守るためでもあったと考えられる。

これによく似た風習が沖縄地方にあった。南西諸島では出産後の数日間、親類の者が集まってユートジ（夜伽）といって、産婦のそばで夜通し火を焚《た》く習俗があった。斎藤たまの報告によると、次のようであった。

> 沖縄方面では子が生れたというと、必ず産床の傍に炉を設けて火を焚き、女親などがついて、昼も夜も火を絶やさないよう焚き続ける。そして、七日の間は毎晩親戚や近しい者等が集まって、酒を飲み、太鼓、三味線で歌をうたい大騒ぎをする。この間、四日と六日にはいわいがあるが、ことに四日の晩はもっとも危険な時といって朝までいる。また一番鶏が鳴くまではと居残る。鶏が鳴いた後ではもうマジムン（魔もの）が来ないと。名前をユートギ（夜伽）という〔斎藤　一九八六　五一〕。

これは、火を絶やさずに七日間、女親などがついて夜を徹して生まれたばかりの赤子を魔物から守る習俗である。各地の民俗調査報告書には呪術的な機能を有する産婆の記録が載っている。

山形県西置賜《にしおきたま》郡小国《おぐに》町には、実際に出産を手伝う産婆と産婦の枕元にすわって呪文を唱える産婆がいたという〔鎌田ほか　一九九〇　一五四〕。同県最上郡真室川《まむろがわ》町の富樫イネはすぐれた語り手であり、腰抱き産婆でもあった。このイネの手にかかると非常にお産が軽いと評判であった。この地には「五郎婆」と通称された腰抱き産婆がいた。この五郎婆は、本名を小松テツヨといい、長五郎の妻であるところから「五郎婆」と呼ばれた。修験道《しゅげんどう》色の濃い家に生まれ育ち、自らも呪文を唱えながら産室に臨んだという。熊の手も一緒に持って行った。イネも産室で五郎婆から昔話を聞かされたという〔野村　一九八九　八五～八九〕。いずれも呪術的機能を持っていた古いタイプの産婆を彷彿《ほうふつ》とさせるものであろう。

東京都新島にはハカセ婆という産婆がいた。古くは難産のときに呼ばれて祈祷《きとう》をしたもので、通常の出産に関与することはなかったというから、産婆というよりは祈祷者としての性格が強かったようである。特に七歳まではハカセ婆の祈祷した護符《ごふ》を貼っておいた〔湯川　一九九〇　二三九〕。北海道沙流《さる》郡平取《びらとり》町二風谷《にぶたに》のアイヌの青木愛子は霊的治療師としての仕事をし、一方で五代目の産婆として活躍してきた。これは、単なる技術者としての産婆ではない霊的治療師兼産婆の存在を暗示している〔松岡　一九九一　七三～八七〕。

静岡県浜松市天竜区水窪《みさくぼ》町西浦の小塩すずは、実母がトリアゲバアサだった。すずは実母が臨終の場で「子を産ませることは人助けだで、やってやれ」と遺言を残したので、それを守ってトリアゲバアサになった。昭和三十五年（一九六〇）、資格関係の法律がやかましくなってやめるまで、百人以上の子どもを取り上げたという。熊のお産は軽いといい、すずはいつも熊の手を大切に持ち歩き、熊の手で妊婦のお腹を撫《な》でながら、「どうぞ無事によい子が産まれますように、南無阿弥陀仏」と三回祈り、最後に「アブラウンケンソワカ」と必死に唱えたという〔野本二〇〇〇　三二四〜三二五〕。

また、群馬県甘楽《かんら》郡妙義《みょうぎ》町のトリアゲバアサンは、六算除《ろくさんよ》けをしてから出産に立ち会った。六算除けをするとお産が軽いといい、線香を上げて拝《おが》んでから妊婦の背中をなぜたり、腹をさすった〔群馬県教育委員会編　一九八三　二一九〕。同県前橋市力丸《りきまる》町には樋口てふというトリアゲバアサンがいて、その母の代から取り上げをしていた。出産のある家から迎えが来ると、まず家の仏壇に線香を上げ、大神宮にお水を供えてから家を出て、産婦の家でも同様のお参りをして、産婦をさすりながら「根なしづる、何が目あてで朝寝する、今吹き下ろせ伊勢の神風、アビラウオンケンソワカ」と三回呪文を唱えた。この樋口てふが取り上げた子は数百人で、ほとんど難産はなかったという〔下川渕村誌編纂委員会　一九五八　四五八〕。

5　産婆の技術的機能

産婆には技術的な機能もある。産婆に付けられたコシダキ（腰抱き）・カッテイ（手先の器用な人）・アライババ（洗い婆）・ハラモンババ（腹揉み婆）・ナデバアサン（撫で婆さん）・ヘソバアサン（へそ婆さん）などの別名は、いずれも出産時に産婦の腰を抱いたりお腹を揉《も》んだり、あるいはへその緒を切ってくれたことに由来するものである。

出産方法の一つである座産《ざさん》の古い形態は、天井からつり下げた力綱につかまって、後ろから抱き抱えられて出産する方法である。これはまさに「産み落とす」という表現がよく似合う出産方法であった。ほかにも、たとえば群馬県利根郡白沢村《しらさわ》(現沼田市)では、うつぶせになってお産をした。そのほうが楽で力が入ったようである。同村に住み戦前戦後にわたって出産を経験した女性によると、仰向けで寝て産むのは力の入れようがなかったという。昭和初期には、ふとんを丸めてそれに寄り掛かり、伏せた姿勢になっていきんだのである。まず、藁《わら》の柔らかいものを敷いて、その上に洗ったふとん皮を敷いた。さらに油紙を敷いた上で産んだ。トリアゲバアサンが、下から持ち上げるようにして腰を抱えてくれたという。白沢村では、近代産婆が登場してから、ふとんの上でお産をするようになった。すなわち仰向けに寝た姿勢の出産である。このような状況でも藁を三束、ふとんの下に入れた。こうするとお産が軽いという〔鎌田ほか 一九九〇 一二五〕。

鎌田が「産婆という出産についての知識を持った専門家が助産にかかわるようになると、妊産婦の産み方などの選択権が失われ、産む姿勢は仰臥位となった。産婦と産婆の間には、賃金を介在として、出産時だけの人間関係が成立するようになった」〔鎌田ほか 一九九〇 一七八〕と指摘するように、近代産婆による出産介助の増加に伴い、産み方も変わっていった。寝産と座産のどちらがよいかという医学的優劣はともかく、近代産婆が妊産婦の異常を発見し、医師に診療してもらうようにしたことは大きな貢献であり、近代産婆は妊産婦を医療に結び付ける役目を果たしたと言える。

産婆の呪術的側面を考える上で、トリアゲオヤの慣行に注目したい。戦後、病院出産が行われるようになっても、トリアゲオヤの慣行は千葉県、神奈川県、山梨県、長野県などで行われている。たとえば神奈川県相模原市緑区では、実際に取り上げてくれるトラゲバアサンのほかにトリアゲオヤを頼んだ。生まれるとすぐに子一人に対してトリアゲオヤ一人を頼む。七日目のお七夜に湯を浴びせる役である。たいていは仲人に頼むが、一人しか頼まれないので一人が何人も持つことはない。これを紹介した大藤ゆきは「産婆といわれているものには単に助産だけをして、出産とともに縁の切れる技術的なトリアゲと、精神的なトリアゲともいえる取上親の二通りが考えられるが、もともとは精神的なトリアゲの意味をもつのが産婆の役割ではなかったかと考えられる」と述べている〔大藤　一九八二　六七〕。

長野県下水内《しもみのち》郡栄《さかえ》村のトリアゲババは、実際の出産において赤子を取り上げ、へその緒を切ってやり産湯につからせている。近代産婆が出産介助するようになっても、へその緒だけはトリアゲババが切っていた。正月の年取りに年取り料理を子が持って行くと、トリアゲババがお年玉をくれることになっていた。トリアゲババは婚礼に招かれ、子はトリアゲババの葬式に参加する関係であった。栄村のトリアゲババには、取り上げた子の社会的成長に呪術的な側面から関与するなどの特色がみられる〔浅野　一九九二　二七〜三五〕。

また、千葉県山武《さんぶ》郡大網白里《おおあみしらさと》町では、赤子の出産を介助したトリアゲバアサンとその夫のトリアゲジイサンは、生まれて三日目のミツメの祝いに両親から盃を受けて子どもを預かり、七歳の紐解《ひもと》きのときに子どもに羽織《はおり》と袷《あわせ》を贈り、お宮参りに連れて行き、祝宴で赤子の両親からミツメにもらった盃を返して子どもを返す儀礼が行われていた。類例を分析した小川直之は、七歳儀礼まではトリアゲバアサンの子どもという慣行に注目し、七歳の儀礼を境にトリアゲバアサンから親へ転換する意味について検討する価値があると指摘した〔小川　一九九九　六九〕。

6　出産に関わる人の変化

昭和二十三年（一九四八）の「保健婦助産婦看護婦法」により「助産婦」の名称が用いられる。けれども世間では多くの人が親しみを込めて「お産婆さん」と呼称していた〔早川二〇〇七〕。昭和二十五年には自宅出産が九五・四％を占め、病院や施設での出産はきわめて少なく、都会では資格ある近代産婆が取り上げることもあったが、郡部では経験的な出産技術を持つトリアゲバアサンが取り上げる出産が行われていた〔藤田　一九八八　九三〜九五〕。

近代産婆が助産婦と名称を変えて間もなく、産婦人科医による出産が徐々に増えてきた。一九五〇年代から一九六〇年代は開業産婦人科医の全盛時代である。しかし、昭和四十五年（一九七〇）ごろから妊産婦たちが個人病院を敬遠し始め、大病院で出産するケースが増加し、開業産婦人科医院の斜陽化が問題になり始めた。出産の「場」の変化は、出産に関わる人の変化でもあった。単純化して言うと、産婆は文字通り女性で、男性ということはありえなかった。医師はそのほとんどが男性であり、自宅出産から病院出産への変化は、出産に男性が立ち会うことを意味した。

医師による分娩の時代になって乳児死亡が極端に減少し、産婦の死亡も減少して安全な出産になったと言われる。しかし、病院出産の時代となって失ったものも少なくない。非科学的な古くからの慣習や禁忌《きんき》を排除しようという動向にあって、時代に合わなくなった伝承の多くが消え去った。出産にあたって湯を沸かすのは子どもや夫の役目であり、そのほかにもさまざまな形で家族の援助が必要であった。もちろん近所のトリアゲバアサンを呼ぶ場合もあり、そうなるとまさに近隣を巻き込んでの出産である。それが、かつてのように家族の協力を必要としなくなり、出産の前後に産婦の夫や母親が病室のそばにいるだけでよくなったのである。

西洋医学を身につけた近代産婆はその知識と技術を普及させ、妊婦の衛生面に注意するだけでなく、妊娠時の食い合わせ、腰湯《こしゆ》慣行など、トリアゲバアサン時代における出産に関わる俗信の数々を排除していった。トリアゲバアサンの助産は座産と呼ばれる出産方法であったが、近代産婆は仰臥位《ぎようがい》出産を全国に一律普及させた。

そしてトリアゲバアサンが堕胎に象徴される新生児の生殺与奪権を持つのに対し、近代産婆は新生児の生存権確保に大きく貢献した。堕胎排除の考えは富国強兵の国家理念と深く関わり、近代産婆は新生児の生命を保護することで富国強兵の一翼を担うことになった。近代産婆は産婦の分娩に立ち会い、後産《のちざん》の処置や産湯の世話をし、産婦の異常に際しては医師の診療を受けるなど医療と結びついた出産介助を展開した。近代産婆はお七夜祝いに招待され出産介助の謝礼を受け、赤子やその家族とのつきあいは終了する。一方、トリアゲバアサンと赤子の関係は、子どもの成長に応じた儀礼に立ち会い、トリアゲバアサンの葬式には取り上げてもらった子どもが大勢参加するなど、一生のつきあいを持つ場合が多かった。

もう一度繰り返すが、トリアゲバアサンは「産婆規則」などによらない、いわゆる無資格の産婆である。出産技術は見様見真似《みようみまね》で覚え、経験に支えられた知識による。出産の謝礼は無償である。しかしトリアゲバアサンは同じ地域社会に住んでいることもあり、赤子とのつきあいは一生といわれる。実際にたくさんの赤子を取り上げたトリアゲバアサンが亡くなると、葬式の穴場がにぎやかになるといわれるのはそれを物語っている。このように長い交際が続くところに特色がある。

それに対し、資格を持った近代産婆は、明治の初期と後期では資格年齢などに大きな変化が見られる。次第に専門職業として成立してゆき、その結果、出産経験のない若い女性が職業として選択していく。実地で修業を積み、各都道府県の試験を受けて資格を取る。そこで経験を積み、後に開業していく場合が多いが、取り上げた赤子の家との関係はお七夜祝いに招待される程度で、赤子とその家族とのつきあいは期間限定的になる。

《参考文献》

浅野久枝　一九九二「とりあげること おくること―北信・栄村のトリアゲババ事例から―」『信濃』四四巻一号　信濃史学会

大藤ゆき　一九八二『子どもの民俗学―一人前に育てる―』草土文化

小川直之　一九九九「年齢儀礼研究の課題」『國學院雑誌』一〇〇巻一一号　國學院大學
鎌田久子　一九六六「産婆―その巫女的性格について―」『成城文芸』四二号
鎌田久子ほか　一九九〇『日本人の子産み・子育て』勁草書房
群馬県教育委員会編　一九八三『妙義町の民俗』群馬県
斎藤たま　一九八六『死とものの け』新宿書房
下川渕村誌編纂委員会編　一九五八『(群馬県)下川渕村誌』下川渕村誌編纂委員会
新村拓　一九九六『出産と生殖観の歴史』法政大学出版局
菅江真澄　一九七四『菅江真澄全集』一〇巻　未来社
西川麦子　一九九七『ある近代産婆の物語　能登竹島みいの語りより』桂書房
野村敬子　一九八九「産室の語り手」日本昔話学会編『昔話と婚姻・産育』三弥井書店
野本寛一　二〇〇〇『庶民列伝―民俗の心をもとめて―』白水社
早川美奈子　二〇〇七『産婆さんの足あと―お産をとりまく人々の暮らし―』柏崎ふるさと人物館
早川美奈子　二〇〇七「産婆聞き書き集―柏崎における昭和の産婆たち―」『柏崎市立博物館館報』二一号
藤田真一　一九八八『お産革命』朝日新聞社(文庫)
松岡悦子　一九九一『出産の文化人類学(増補改訂版)』海鳴社
牧田茂　一九九〇『日本人の一生』講談社(文庫)
宮坂靖子　一九九五「『お産』の社会史」井上輝子ほか編『日本のフェミニズム５母性』岩波書店
柳田国男　一九六九『定本柳田国男集』一五巻　筑摩書房
湯川洋司　一九九〇「七つ前の子どものいのち」竹田旦編『民俗学の進展と課題』国書刊行会

コラム

教養としての民俗学

民俗学の授業から

世間の人に「民俗学を勉強しています」と言うと、古い時代のことをやっていると勘違いされ、吉野ヶ里《よしのり》遺跡はどうですか、などと尋ねられることも少なくない。理解を示していると思われる人でも、神葬祭の玉串《たまぐし》はどうやって上げるのか、暦の先勝《せんしょう》とはどのような日か、と質問してくる。このように民俗学はきちんと認識されていない。

平成四年（一九九二）十月、初めて大学の教壇に立った私は、民俗学という学問を多くの学生に知ってもらいたい気持ちと、私の担当する民俗学が学生たちに役立つのだろうかという不安が交錯した。初日の授業で「民俗学と聞いて何を連想しますか」と質問してみた。恥ずかしがっていたのか答えがない。そこで「民俗学に関係ある人を知っていますか」という質問に変えた。数人目にようやく柳田国男の名前が上がった。しかし、後に続く名前は出ない。何人目かの学生が「知らないから聞きにきたのです」と答えた。初めての授業に水をさす言い方をする学生にがっかりし、質問はそこでやめてしまった。民俗学について解説する必要があると悟ったことは言うまでもない。たしかに民俗学を専門にしようと出席している学生は一人もいない。教育学部、工学部、医学部の一年生が相手である。

そこで一方的でない授業の工夫を試みることにした。その一つは出席カード代わりに紙片を渡して小さな質問を掲げ、それについて書き込んでもらうというもの。もう一つは民俗調査の体験として自分本人でなければ書けないレポートを課すことである。本稿では、平成四年度の群馬大学教養部における授業を紹介しながら、この紙片とレポートにみられる大学生の民俗認識について考えてみる、あわせて民俗学の現代的意味と課題にも触れてみたい。

知識の断絶と日常生活の再認識

野口武徳『日本人のしつけ』の中に「古い伝統ばかり見つめていると、不思議に現実社会の盲点がよく見えてくるものです。」（四頁）という一節がある。民俗資料を探索していると、現在の民俗事象と比較して、どうして昔と今はこれほど違うのかと思うことがある。もちろんどちらがよいのか速断はできないし、どちらもその時代、その地域ではごく一般的事象であったかも知れない。私たちの民俗研究は、一定の地域において習俗が変化してきた道筋を実態調査によって正しく把握することから始める。

　現実社会と民俗学の知識の間には世代間で大きな隔たりがある。これは知識の断絶と言ってもよいだろう。昭和二十年代生まれの私たちは、戦前の伝統的な習慣をある程度は共有できていると思う。しかし現在の十代の青年層にはまったく通用しないことも多い。たとえば「道普請《みちぶしん》」は私たちの年代であれば見聞の範囲内である。しかし現在のように完全舗装の道路事情では、道普請など若者には想像すらできないであろう。

　このような問題点について、中世史家の網野善彦《あみのよしひこ》が「断絶をこえて」というエッセイの中で「五、六年前、私はある種の文化ショックを経験した。二十歳前後の短大生諸君と私の間には相互に〈異文化〉といえるほどの断絶があることを、初めて自覚させられたのである。学生たちは〈石〉〈斗〉の単位を知らない。炭を使わないので火鉢・五徳を見たことがないし、苗代も、働く牛馬も知らない。宮本常一氏の『忘れられた日本人』の話は、彼女たちにとっては百年以上も前の別世界に見えるのである。」（『図書』五三一号、岩波書店、一九九三年九月）と述べている。網野は高度経済成長期以後における生活基盤の変化に対応した学問の質的変化の急務を訴えるが、私たちの身近な日常生活を直接の研究対象とする民俗学の世界でも類似の現象が起きている。

いかにしたら身のまわりの生活を認識することができるだろうか。伝統文化の中にある良いものを選択し、継承する視点をどうしたら確保できるか。暮らしを語り継ぐ必要性とは何か。単に昔を懐かしむのではなく、歴史の主人公としての自分自身を認識することが重要と考えるが、どのようにしたらそれを教育に生かせるか。

文明批評としての民俗学

民俗学は現代社会の構造を把握し、文明批評として貢献することができないだろうか。柳田国男が築き上げた民俗学に流れる強靭《きょうじん》な論理が、実は「文明批評の論理」であったと言われている（伊藤幹治『柳田国男・学問と視点』、潮出版社、一九七五年）。

柳田は知識の共有化とともに学問を常識の培養とみなしていた。柳田によれば「国民相対の幸福」をめざして現在をより良い状況に変革するには善悪・正否を峻別《しゅんべつ》する何らかの原理が必要である。そしてその原理が、常に一国の文明のあり方に、深い洞察力と広い見通しを持った文明批評の精神を前提条件としていると考えたのである。

日航機が多野《たの》郡上野村に落ちた年であったと思う。上野村で民俗調査をしていたときに、東京大学東洋文化研究所の大野盛雄教授に会った。いちばん奥の浜平にあった一軒宿である。彼は毎年何回もここに来て、宿の主人と話をしたり村を歩きながら調べていると、世界の動きが分かるという。世界の縮図がこの小さな村に見られるというのである。海外に出かけなくても世界のことが読み取れるという話に感動した記憶があるが、似た感動は有賀喜左衛門《あるがきざえもん》の論文を読んだときにもあった。有賀は「小地域や村落や小集団の外見上のスケールはいかに小さくとも、その小ささによって調査研究の小ささを示すわけではない。研究の深浅はその方法論の精粗によって決定するのであって、地域的または集団的な規模はいかに小さくとも、全体社会の把握に深く通ずる精緻な方法論を持って立ち向かうなら、その研究は深く大きいのである」（「民俗学における村落社会研究の理論」『有賀喜左衛門著作集』八巻、未来社、一九六九年、八〇頁）と述べており、研究方法の理論化の重要性を提起している。

民俗の特色の一つに繰り返し性がある。記録に表れてこない民衆の生活の実態を明らかにするのは、民間に伝わっているさまざまな言い伝えを資料（これを伝承資料という）としているのである。古文書に記録された資料は、ほとんどが一回性のものであり、生きた人間が持ち伝えた記録されない資料は柳田によって古文書に匹敵するものと認識され、そして利用された。民俗学は庶民の生活文化の歴史を明らかにするという点で、いわゆる「庶民生活文化史」とでも呼ぶべきものなのである。

民俗学の基本的な目的は「経世済民《けいせいさいみん》の学」といわれている。柳田がいちばん心を痛めたのは「農民はいかに貧なりや」ということであり、明治時代から大正にかけて当時の日本のおかれた状況をみて、いかにしたら農民の貧しさを救えるかという視点から民俗学を創設した。正しい日本人の生き方を提示するために、過去の日本人の生活の歴史を省みようとするものであった。

現在の問題を考え、未来に向かっていかに思考すれば日本人の生活、あるいは日本文化が豊かになれるか、そのためには過去の日本人の歴史、それは不幸な歴史とともに、幸せを感じた歴史をも考え直さなければならない。それが民俗学であり、別の言い方をするならば「自己内省の学」である。これこそ柳田が志向した民俗学の目的であった。「我々が今まで知らずにいた事実の、非常にたくさんあるということに心づく」（『柳田国男集』一七集、ちくま文庫、六五〇頁）ところから民俗学は出発するのである。

「わが誕生の記」と聞き書き

大学の課題レポートは「わが誕生の記」とした。

自分の誕生にまつわる民俗事象を調査し整理するという作業は、通過儀礼と呼ばれる分野の内容である。両親や祖母などから聞き取り書きをしなくてはできない、調査をすることによって自己啓発につながる、と考えた。本人にとっていちばん有意義なことを模索する中でレポートを課すとしたら、これ以外にはないと思い始めた。その結果、年中行事を中心とした講義であったが、あえてレポートは「誕生」をテーマにした。書くにあたってガイダンスは十分にしたつもりである。

このレポートは成績評価の基準を七〇%とした。ある先輩からは半期だけの講義でレポートと試験の二つを課すのは厳しいと言われた。またある先輩からは今の学生はそのくらい厳しくやってもよいと言われた。私はあえて後者の先輩の意見に従い、厳しいほうを採った。レポートがきちんと提出されるか心配したが、実際には履修届を提出した学生の九割以上がレポートを書いてくれた。

さて、ここで具体的な一例として、教育学部K子さんのレポートの一部を紹介してみよう。

生後七日目に退院し、昼過ぎから「お茶よび」をした。近所の人たちを招待してのおひろめである。うちのあたりでは、まだ、「村」の意識が強く（年配の人が多い）、この日も班の人たちをよんだ。夕方から母の実家へ行き、お七夜をしたそうだ。母方の祖母には産着を用意してもらった。お宮参りには、四か月後、十月十六日に行った。山名八幡宮と護国神社（ともに高崎市で、後者は両親が結婚式を挙行したところ）に参り、虫封じとおはらいをしてもらって、健康で丈夫な素直な子に育つようにと願ったそうだ。生後四か月でかなり大きくなっている上、指をしゃぶりながらのお宮参りとなった。また、生後母の実家へ行っていたときには、近所のお地蔵様へ安産のお礼参りに行き、丈夫に育つように祈ってもらったとのことだ。

生後一一〇日目、「お食い初め」をした。その理由を尋ねたところ、食べ物に困らないようにとの意味があるらしい。誰もがやるのかは知らないが、私の場合は赤飯、みそ汁とおかずのほかに、小石をのせた皿も膳にそえられた。これは歯が丈夫になるようにということだ。赤飯を二粒口に入れたがすぐ出してしまったらしい。一年が過ぎて、初めての誕生日を迎える。わが家に人を招待することはなかったが、内祝いを配って歩いた。

父母の時代のことについてたずねたところ、戦後で貧しかったり、子どもの数が多かったりということもあってか、長男長女の場合しかこのような諸行事はしなかったようであるが、内容的には現在（とはいえもう二〇年がたとうとしているが）のものと変わらなかったということだ。

彼女の生地は高崎市の郊外であるが、農村部の特色を読みとることができるし、民俗的にも食い初め儀礼など比較的ていねいに行っている。彼女は感想として「今回のレポート作成に際して、私の誕生とその後について様々なメモや写真などの収められた『育児の記録』なるアルバム（病院でいただいたもの）を参照した。これをコツコツと書き残してくれた両親には実に頭の下がる思いだ。涙の出そうな言葉もあり、感謝の気持ちでいっぱいである。〈親孝行をしよう〉と思うのと同時に、近い将来に自分が母となった時には、私も記録を残そうと心に決めた。たいへん実のある調査だった。」とまとめてくれた。読んでいてこちらがぐっと来ることもあり、われながら適切なテーマを考えたものだと悦に入っていた。

このほかにも同様の感想を書いてくれた学生は多い。教育学部のA君は「今までに何度か小学校や中学校で、自分史なるものを書いたが、今回ほどたくさん親に自分のことを聞いたのは初めてだった。また、レポートを書く際、友人のことについても聞いてみたが、やはり土地によってその習慣が違っていて興味の湧くことも多かった。今回親に聞いたことはほんの一部に過ぎず、聞けば聞くほどより自分のことが分かるに違いない。今年は兵庫の田舎に行ってもっと詳しいことを聞いてみるつもりである。」と記してくれたし、同じ教育学部のB子さんは「こういった機会でもなければ耳にすることのないような話が聞け、とても良かったと思います。時代が変化したり、核家族化がすすんだりで、姿を消してゆく行事がありますが、そんな中にも強く受け継がれるものがあり、いつの世も親の思いをこめて行われるのだということを知りました。私は日本のそれぞれの地域で受け継がれている伝承などにはとても興味深いものがあると思っているのですが、それらを絶やすことなく、守っていってほしいと思います。そしていつかまた他のことについても調べてみたいと思いました。」と記している。

また、工学部のC君は「歴史学G（注・私の講義は正式にはこの名称であった）みたいな授業は今までの学生生活で受けた授業では受けられなかった初めての講義で、とても興味を持って受けています。中間レポートの出題もなつかしい自分の幼い時のことを、レポートするなんてとてもいい内容だと思います。自分の知らなかったことを知ることが出来たし、自分にとっての良い発見が出来たと思う。両親にこのレポート内容の事を質問するのが少し照れくさかったところもありましたが」と評価してくれた。

そして工学部のD君は「赤ん坊の頃のことを覚えている人はいないが、親に聞く機会がなかったせいか、知らないことがあまりにも多かったこと、父や母がいろいろと願いを込めてくれたことに感謝し、自分を見つめ直すいいきっかけを生んでくれた。」といい、同じく工学部のE君も「今まで知らなかった自分の誕生の秘密が分かり、たいへん為になりました。両親は、僕がよく育つようにと、いろいろなことをしてくれたんだなあと思い、感謝しています。両親が、してくれたことをよく覚えておき、自分に子どもが出来たときにそれをしてあげようと思います。」と親に感謝しているのである。全体的に始めのうちは何となく照れくさかったようである。聞き書きを進めるにしたがって、自分自身の今まで気がつかなかった出生にまつわる自分をめぐる社会関係や両親の愛情が実感として理解できている。個人としては思いがけず貴重なことを聞けたという満足感があったようである。

聞き書きという民俗学の調査法を実際に体験できた点が意義深いと思う。特に留意してもらった点は両親の時代と比較をしてもらうことであったが、これは実際にはなかなか難しかったようである。しかし、出産法について両親の時代には自宅出産であったが、学生たちのころはほとんどが病院や施設においての出産に変化していたことに何人かの学生が気づいてくれた。

〈民俗的質問〉にみる学生の思考

授業の最後に民俗学的に面白そうなものを紙片に記入してもらうことにした。質問してみたいくつかは、叱られたときの両親の言葉、旅で何を学ぶか、大安・仏滅をどう思うか、世間体について、キョウダイについて、神頼みについて、などである。紙片に書いてもらったものは、結果的には出席点代わりにしてボーナス点とした。最終回の授業でこれらのメモをすべてワープロで打ち出して学生全員に配布し、若干の解説を試みた。同世代の仲間がどのような考え方をしているかを知るための資料となるであろう。次に具体例として、①叱られたときの両親の言葉、②大安・仏滅をどう思うか。③世間体について考えるか、という三つの話題に絞って検討してみよう。

まずはじめに、①の「**叱られたときの両親の言**

葉」について質問したところ、「万年橋（家の近くにある）の下から拾ってきたんだよ」「お前は渡良瀬川の橋の下から拾ってきたんだよ」「お前は橋の下から拾ってきた子どもだからうちの子じゃない」などというものがかなり多く出てきた。そして拾われたところは「万年橋」「渡良瀬川の橋の下」「橋の下」「どこかの橋の下」「家の前」「五料橋の下」「神社」「裏山」などである。これはすでに桜田勝徳によって「〈近代化〉と民俗学」という論文で注意されている（『桜田勝徳著作集』五巻、名著出版、一九八一年、二二八～二二九頁）ように、日本人の他界観《たかいかん》を考える上でも大切な資料である。そのことを話したら学生たちは、無意識に言われていたことが日本人の生き方にまで関わることに驚いたようであった。

次に、②の「**大安・仏滅をどう思うか**」という質問に対して「十月ころに車の納車があったのですが、『大安を待って』とか何とか言われ、しかも大安が日曜日だと延期になったりして、結局一か月くらい待たされてしまいました。仏滅でなければいつでもいいんじゃないかと思った。仏滅は割と気にするけど、その他の日はまったく気にしない。」「大安の日に結婚式場が混むのはみんながどうせやるなら、いい日のほうがよいと思うからだ。我もまたしかり。」「普段はまったく気にせずにしているけれど、やはり結婚式などめでたいことは大安の日にやったほうが気分的にいいような気がする。」「よく意味は分からないけれど、昔から言われていることなので僕は気にするほうです。たとえば、自分の車の納車の日を事故に遭わないように大安の日を選びました。それと友引の日に葬式をすると、その家族や親戚の人が死んでしまうという話を聞いたことがあります。」などの意見が代表的なものである。

もちろん多くの学生はこの大安や仏滅を気にしたくないと語っている。ただしカレンダーなどに記されているので気にしたり、出来事が発生すると不安になり暦をみたりする。車の納車に大安を選択するのが自動車会社であるが、若い学生たちにまでよく行き渡っているのには驚く。

③の「**世間体《せけんてい》についてどう考えるか**」という質問に関しては、おもしろい事例がたくさん集まった。具体的に記入しているものを紹介してみる。「大学で留年する。四十歳過ぎて独身。中学生になっても虫取りに行っている。親と子が喧嘩して別居。」「現在のような学歴社会においては、最終学歴が低いと子ども本人よりも親のほうが世間体が悪い思いをする。私は幸い、大学と名の付くところへ進学することができた。現在高校生の弟は、今学校を中退するかも知れない状況に陥っており、親も多分世間体を気にすることと思う。」「よく親に近所の人にあったら挨拶をしなさいと言われた。服装のことでも、休日など家にいると、あんまりきたない服でいるな、家が貧乏だと思われると困るなどと言われた。」「就職が、いわゆる普通のものではなく収入の不安定な良く分からないようなものであったなどの場合。」「旧姓に戻ると世間体が悪い。最近はそうでもないが、僕は悪いと思う。近所中で一人だけ高校に行かなかったりすること。」「高校へ行かない、二浪ぐらいする、髪を染めたりする、警察に逮捕される、と世間体が悪い。」「庭がきれいになっていないと世間体が悪いといって、家の両親はいつも草木の手入れをしたり、掃除したりしている。」などである。冗談に書いたものもあったが、学生たちが社会の枠組みをどのように考えているかが垣間《かいま》みられてたいへん参考となる。

そして、ある女子学生が次のように書いている。「日本人はものすごく世間体を気にする民族だと思います。お中元、お年賀など、本来の目的から外れて世間体を保っていくための手段の一つになってしまっているのではないでしょうか。私はこの世間体が嫌いです。だから世渡りも下手なのですが、今の日本で生活していくにはこの世間体に敏感になることが必要なのかなと思います。」と。

以上、紙片に書いてもらったものを紹介してみたが、ここに取り上げたのはごく一部である。わずかの紙片から学生たちが無意識のうちに伝統的社会の信仰や思考を引きずっていることが理解できるし、現代に再生産されている習俗の存在も予測できる。

民俗学と学生に期待すること

レポート「わが誕生の記」は、学生たちの反応が比較的良いので、しばらくは同じテーマを続けてみようと考えている。十数年も続けば習俗変化を追う素材になるかもしれない。歴史認識の学問としての民俗学を学び、自己発見につながるよい機会になっていることは間違いない。

紙片に書いてもらう方法は、二年目の平成五年度においては毎回実施し出席点とした。今後も私自身の独自性を出しながら続けていくつもりである。二年目の最終授業の紙片に「先生お疲れさまでした」と書いてくれた学生がいた。これは本当にうれしかった。いつも講義が終わると私と目も合わせずに教室を出ていく学生が少なくない。民俗学の授業の中に「挨拶のしかた」という題目で、社会における一人前について教えたくなる気分になることもあった。なお、良識ある学生たちの名誉のために、会釈をする学生も存在することを付け加えておく。

授業をとおして学生たちに強調した点は、①複眼で文化を見る視点の重要性、②歴史認識としての民俗学の価値、③文明批評としての民俗学の再認識、などであった。民俗学に関心を持ち、私の研究仲間となってくれたらすばらしいことである。現在はまず私の授業を受けてくれたことに感謝し、民俗学をこういう学問だったのかと認識してくれるだけでよいと思っている。何らかの期待を持って選択してくれたのだから、それに応えなくてはいけない。

伝承・男性産婆

伝承・男性産婆

第3部

男性産婆は発見された。それは民俗学研究における一大事である。私はかつて群馬県吾妻郡で二人のお産婆さんに出会い、ライフヒストリーをお聞きした。それを論文にまとめ研究雑誌に発表したところ、長野県の歴史研究者から群馬には男性産婆がいると連絡をもらった。新潟県にも男性産婆がいると教えてくれた研究者がいる。惜しげもなく貴重なデータを提供してくれた人たちに感謝しつつ、改めて人のつながりの大切さを思う。大げさに言えば、男性産婆が私に向かって近づいてきて、データが集まるたびに論文を書いてきた。これらの論文は、前に書いたものを確認しながら次に進む形を採用しており、執筆順の配列では若干の重複が目に付くが、それは私の男性産婆研究の軌跡そのものである。

トリアゲジサ（原沢政一郎）

トリアゲジサの伝承

問題の所在

平成十四年（二〇〇二）三月、助産婦の名称が助産師に変わった。助産に関わる職業の名称はトリアゲバアサン、産婆、助産婦と変わってきたが、いずれも字のごとく女性専門の職域とされてきた。女性が独占していた助産分野を男性にも門戸を広げようという動きは戦後に何度か起こり、平成十二年には「保健婦助産婦看護婦法」の一部改正案が臨時国会に提出されるまでになった。その法案は時期尚早と廃案になったが、平成十四年三月一日の保健婦助産婦看護婦法の改訂により、名称は助産婦から助産師に変わった。これにより、少なくとも名称上は性による区別がなくなった。保健婦助産婦看護婦法は、昭和二十三年（一九四八）に制定されたので、助産婦の名称は五十四年間でその役目を終えたことになる。

男性の助産師誕生に反対する立場からは、腰や乳房《ちぶさ》を夫以外の男性にマッサージしてもらうことに対する羞恥心の問題など、産む立場である女性の気持ちが考慮されていないといわれる。一方、産婦人科医は男性が多いので助産に男性が関わっても違和感がなく、性差による職業差別を取り除くという観点から助産分野も例外にすべきではないという意見もある。(1)

かつて私は、「いのち」の保護という視点から群馬県の山間部における近代産婆の実態を報告したことがある〔板橋 二〇〇〇〕。発表後まもなく、群馬県にかつて男性産婆がいたとの情報を得た。(2) 近年の男性助産師の導入の是非を論ずる中で「助産は昔から女性に決まっている」「女性のことは女性が一番よく分かる」と異口同音の主張が目につく。そのようなときにまた、新潟県のトリアゲジサの存在を知ったのである。(3) トリアゲジサは男性であり、助産は今も昔も女性だけのものとする立場にとっては衝撃的であろう。本稿の目的は、夫以外の男性が出産に立ち会った事例を紹介し、出産と男性の関わりを改めて考えてみることにある。

1 出産と男性

「男性は出産の場にいるものではない」というのは、いつごろから言われ始めたのだろうか。昭和十年代から二十年代に採集された資料によると、出産時に夫が在宅していると、次の出産のときにも夫がいないと生まれないといわれた。そのためにわざわざ夫を不在にする例が多かった。

たとえば、鹿児島県では、婚家で出産すると夫がいなければ子が生まれない癖がつくといって里で産むようにした。伊豆諸島の御蔵島《みくらしま》では、夫が産室を訪れると母子ともに産後の肥立《ひだ》ちが悪くなるといって、産室への訪問が禁じられていた。京都府舞鶴地方では、出産時に夫がいたときは次の不在時に夫の下駄を揃えて帰ったことにするという〔大藤　一九六八　四五～四六〕。このように産室へ夫が入ることを忌《い》む地域が多く、出産時に夫が不在であるべきとする事例が見られる。

妊娠・出産という一連の過程において夫との関係が見られる。出産における夫の役割が最初に見られるのは、妊娠五か月目に締める腹帯《はらおび》の事例である。全国各地で夫の褌《ふんどし》を腹帯に使っていた。古い褌をしめるとお産が軽いといい、里から贈られた帯も一度夫が褌にしめてから使う例もある。褌をしめるのは、妊産婦の宿した子の父親であるという暗黙の了解があったと考えられている〔井之口　一九五九　一九五〕。妻が妊娠してつわりで苦しんでいるときに夫も何となく気分がすぐれないといった夫のつわりがある〔和田　一九七八　九〇～一〇五〕。そして出産時の忌みがある。産の忌みは血の忌みであるが、それを避けることが行われた。沖縄県池間島《いけまじま》では、お産のあった家の夫はもちろん、祝いに行った男性も三日間は漁船に乗れない。群馬県勢多郡東村（現みどり市東町）では、産後の一週間は山仕事には行かない。また、難産になると夫が重石や臼を背負って家の周囲をまわるという興味深い事例も各地に伝承されてきた。

出産における夫の役割について、井之口章次は「初子誕生の責任者である夫は、出産に対してほとんど役割分担がない。初産のとき夫が家におれば、次以後の出産のときも在宅しなければならないとか、難産のときは臼をかついで家のまわりをまわるとか、およそ非生産的な呪術にしか登場しない。夫のつわりもその一つである」〔井之口　二〇〇〇　一七四〕と述べる。果たしてそうであろうか。

新村拓によれば、産屋は男性の立ち入るべき場所ではないとする観念は、九世紀に始まる産《さん》穢《え》の禁忌《きんき》によって強められることになるが、一方で男性が出産に立ち会うことも中世には見られた。院政から鎌倉にかけての産褥《さんじょく》の規定によると、産褥は後産《のちざん》に始まるというので、それ以前に立ち会うのであれば産褥から免れるわけである。近世になると出産に夫が立ち会う場面は多くなり、産科書でも男性の力を借りた分娩《ぶんべん》法について言及されている。強い産褥の意識がある一方で、人手が不足するような場面では夫が頼りにされていたという〔新村　一九九六　一七二～一七三〕。出産時に夫が遠ざけられるようになるのは、必ずしも伝統的な慣習ではなく、近代医療の進展に関連していると推測される。

既に見てきたように、各地の民俗事例によれば、産室へ男性が入ることを忌む地域が多く、男性が出産の場にいると難産になると言われた。男性が出産に直接関わる事例は明確に報告されていない。しかし、それを暗示する報告がいくつか見られる。たとえば岡田照子によると「出産に臨んで夫や父親・祖父などが産婦を後ろから抱いて手助けする地方もあるが、これを腰抱きの役・産婦が眠らぬようにするための見張り役ともいい、トリアゲジイサンともよんでいた」〔岡田　一九九八　二三一〕というし、(4)長崎県壱岐では、産婆のことをコズエーウバ・コズエーバサーと呼んでいる。その職につく人は女性ばかりでなく、男性のそれもあったという〔恩賜財団母子愛育会編　一九七五　二二二〕。

また、出産のときにお産が長引くと夫が手を貸すところがある。長崎県北松浦郡では、ハラオサエといって男性が一方の膝の上に産婦をすわらせ、両手で後ろから力一杯お腹を押さえるという。このような例は取り上げ婆の役目を引き受けて、取り上げ爺と呼ばれたりしたという〔大藤一九六八　四三～四五〕。

吉村典子は、愛媛県大洲《おおず》市上須戒《かみすがい》において明治三十三年（一九〇〇）生まれの女性から、出産時に夫が後ろから抱えてくれ、へその緒《お》も切ってくれたという話を聞き、男性がいるとお産は難しくなるという離島と、男性がいないとお産は難しくなるという山村との出産文化観の違いを検討している〔吉村　一九九二　二四〕。吉村は「この山村にはお産を手伝ってくれる人（産じいさん、とりあげ婆さんと村人は表現した）もいた」と記している〔吉村　一九九二　三六〕。さりげなく書いているので見過ごしがちであるが、「産じいさん」という表現を使っている。これは男性の産婆がいたことを暗示するものであろう。

2　群馬県前橋市粕川町のトリアゲジイサン

『込皆戸の歴史と生活』には、群馬県前橋市粕川《かすかわ》町込皆戸《こみがいと》におけるトリアゲジイサンに関する記述が二か所出てくる。次にその該当箇所を紹介する。

①この老人の父親も、「とりあげじじい」と言われ、部落のみならず周辺の農民の出産に際しても、産婆役を努《(ママ)》めた名人であったとも聞いた。〔東日本部落解放研究所　一九九四　九一～九二〕

②中谷本家ではかつて「伯楽」の名称を持ち、代々漢方薬を作り、馬医者を営んでいた。中谷家の当主、清七の祖父にあたる中谷金蔵は産婆ならぬ「とりあげじいさん」であった。
〔東日本部落解放研究所　一九九四　一五二〕

記載された人物は中谷金造である。引用文では「金蔵」となっているが、これは誤りで正しくは「金造」である。金造は村人から「トリアゲジイサン」と呼ばれていた。位牌によると、昭和十七年（一九四二）七月二日に数え七十七歳で没している。戒名は「宏徳普演信士」である。没年から計算すると慶応二年（一八六六）の生まれである。本職は伯楽《はくらく》（馬医者）で馬の病気を治したりした。身長はそれほどなかったが、手が大きく体のがっちりした人であったという。孫の昇（昭和四年生まれ）は子どものころ、腕をつかまれ痛かったことを覚えている。力のある人であったようだ。

トリアゲジイサンこと中谷金造は、込皆戸だけでなく近隣の大前田や新屋からも赤子の取り上げを頼まれた。昭和十年代になると、昇の両親は「頼まれても行かないほうがいいよ。法律が変わったんだから捕まっちまうよ」と注意したものだという。晩年は中気《ちゅうき》で半身不随になってしまった。それでもトリアゲジイサンに取り上げをしてもらおうと、リヤカーを牽《ひ》いて迎えに来る家もあった。取り上げてもらった家では、名付けにあたってトリアゲジイサンの名である金造から「金」の一字をもらって金平、金七、きん、金作などと付ける場合が多かった。
あるとき、仮死状態で生まれてきた赤子があったが、トリアゲジイサンは逆さにして尻を叩いたりして生き返らせた。また、妊婦のお腹をさすると大変楽になったという。「ジイサンにさすってもらったらうんと楽になった」という妊婦は多かった。さすってもらった後、便所で赤子が産まれてしまったこともあった。それでその子には「オトシ」と名を付けた。これは近所の中谷すみ（大正八年生まれ）の親戚の人で、あわててすみの母がサラシを持っていった。それほどトリアゲジイサンはさするのが上手であったという。出産介助でお礼をもらうことはなかった。タバコが好きだったのでタバコ銭として謝礼をする家もあったが、お七夜《しちや》に赤飯を蒸かしてお礼に持ってくる家が多かった。

トリアゲジイサンの母や祖母が産婆であった形跡はなく、どこで助産技術を覚えたのかは不明である。今ではこのトリアゲジイサンに取り上げてもらった妊産婦で健在な人はおらず、話はいずれも伝聞の域を出ない。込皆戸の女性たちは男性である中谷金造に赤子を取り上げてもらうことに何ら違和感を持たなかったようである。伯楽を生業《なりわい》としていたことから、馬の病気を治したり、出産に関わるなど、いわゆる獣医としての技術と知識は該博《がいはく》なものがあったと推察できる。(5)

取り上げ上手な血筋と腕前の記憶

新潟県南魚沼《みなみうおぬま》郡湯沢《ゆざわ》町土樽《つちたる》のトリアゲジサに関しては、高橋郁子が『湯沢町史編さん室だより』七号に「人の一生・出産にまつわる話」と題するレポートを寄せている。トリアゲジサを取り上げた嚆矢《こうし》と思われるが、次のように紹介している。

> 中里に原沢政一郎さんという名人がいたという話を各地で聞きました。原沢氏は男性で、「ゴロウジサ」「トリアゲジサ」と呼ばれ、当時の土樽村中の子供を取り上げたそうです。原沢氏は、常には新聞配達をしていて、筋を見る技もあり、年寄りが「体が痛い」と言うと、配達が終わってから按摩や中国針を施しました。逆子や横を向いている子は「イナリが悪い」といって治療しました。中里のある女性はイナリが悪い子を無事に出産し、「お前は本当に神様の次だ」と、お礼を言ったそうです。取り上げてくれた礼は、酒一本という気持ち程度のものでした。助産婦の制度ができ、資格を持たないトリアゲバアチャンが禁止されたときには、「おれは年とったから、これでいいがだ、いいがだ」と引退しましたが、多くの人がその技を惜しみました。その後も産婆や医者が間に合わないときには手伝いをした原沢氏でしたが、三十年ほど前に亡くなったということです。〔高橋　一九九九　三〕

川端康成の『雪国』の舞台となった湯沢町は、昭和三十年（一九五五）に湯沢村・神立村・土樽村・三俣村・三国村の五か村が合併して成立した町である。昭和六年（一九三一）に開通した上越線に乗って新潟方面に向かうと、上越国境の三国連峰を貫く長いトンネルを抜けて最初に見える集落が土樽で、新潟県でも有数の豪雪地帯である。土樽は、昭和初年の岩原スキー場の開設とともに、冬はスキーでにぎわうようになった。世帯数は昭和三十五年（一九六〇）に五四六世帯であったが、昭和五十年代にリゾートマンションが建ち始め、平成十二年（二〇〇〇）には八六七戸と急増している。昭和二十年代までは水田中心の農業が主であったが、スキー客の増加とともに民宿経営やスキー場関連の仕事に従事する人が増大し産業構造は大きく変化した。この豪雪地帯の村に助産術に長じた男性がいた。村人から「トリアゲジサ」とか「サンジイ」と呼ばれた。

この「トリアゲジサ」こと原沢政一郎は、明治十八年（一八八五）三月六日、原沢善九郎、リンの三男として土樽村に生まれた。分家に当たる原沢忠五郎、キン夫婦は子どもに恵まれなかったので、本家の次男を養子に貰う話が出たところ、その次男は養子に行くのがいやだと泣くので、三男の政一郎が「じゃあ、俺が行かあ」と養子になった。政一郎が五歳のときである。養子に行った先は、生家とは道を隔ててすぐ近所にあったが、以来一度も生家へ帰らなかったという。

実母リンが取り上げ上手であり、それを見様見真似《みようみまね》で習ったといわれる。リンは土樽村滝ノ又の南雲家から嫁に来たが、その母も助産術に長けていたという。南雲家は代々助産術をよくし、整体なども施した。六算除けなどの呪術《じゅじゅつ》的医療を行う家筋《いえすじ》であった。政一郎は年老いてから「ゴロウジサ」の愛称で呼ばれた。これは屋号が「五郎左衛門」であったからで、「五郎左衛門のじいさん」という意味である。

ゴロウジサ以前には、各集落に取り上げ上手な女性がいた。たとえば土樽村坂下には、カユドンという屋号のおばあさんが上手で、頼めば取り上げてくれた。剣持フミ江（大正五年生まれ）によると、フミ江の親の世代には、赤子のへその緒《お》を切った夫が少なくなかったという。そのころの出産方法は座産《ざさん》で、天井から縄を吊して産婦はそれにつかまって力を出して産んだ。ゴロウジサが活躍したころは、助産術に長けたトリアゲバアサが徐々に姿を消していく時代でもあった。

ゴロウジサは、小太りで若いころはたいへん力持ちであった。「熊の森」というしこ名を持った素人の相撲取りでもあった。年を取ってからひげを長く生やし、「ひげジイ」とも呼ばれた。ゴロウジサは五十代で妻に先だたれてしまったが、再婚せずに子どもたちを育てた。出産に関することは一切話題にしない口の堅い人であった。だからこそ長く続けられたのである。夜中に戸を叩く音がして、開けると「うちの子が生まれそうなんだけど、ゴロウジサ、ご苦労してくんないかい」と口上《こうじょう》がある。すると、ゴロウジサは支度をして鞄《かばん》を持って出かけた。孫の健（昭和十八年生まれ）は、じいちゃん子でいつも一緒に寝ていて、布団から出て行くゴロウジサの姿を覚えているという。お産の取り上げを頼まれると、ゴロウジサは吹雪《ふぶき》でも嫌だと言ったことはなかった。ゴロウジサは「俺は七八〇人を取り上げた」と語っていたという。

イナリ（居成り）が悪くなる妊婦は、ゴロウジサのところにやってきて治してもらった。座敷の布団の上で妊婦がサラシの腹帯をほどいて立て膝になる。ゴロウジサが正面に向き合い、腹をさすりながらイナリを治していく。昔の女性は出産間際まで働いていたのでイナリになりやすかった。ゴロウジサが両手でなぜると治るといわれていた。剣持フミ江は何度かイナリになって

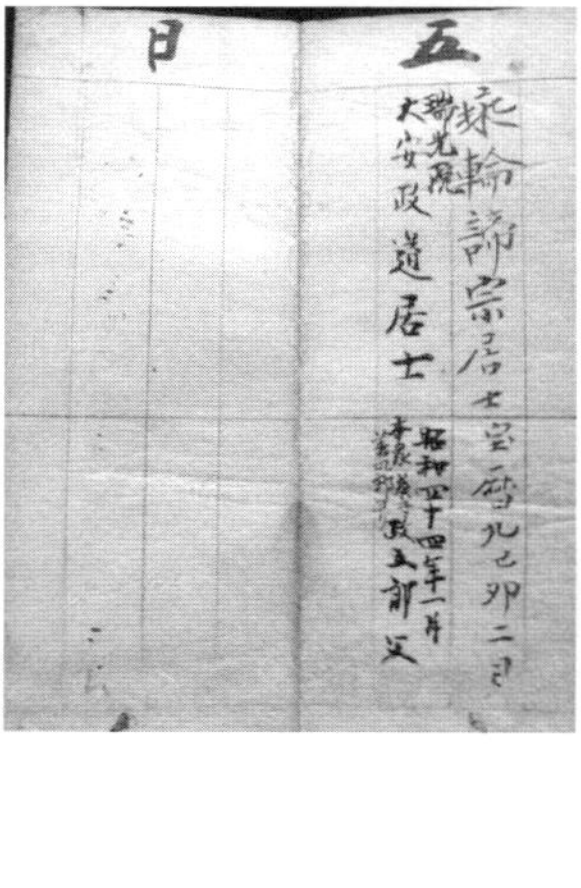

写真・上／正装姿のトリアゲジサ原沢政一郎。
同・下右／位牌を手にするゴロウジサの孫・原沢健氏。
同・下左／戒名が書かれた位牌帳。

しまったのでゴロウジサに来てもらった。二十分もなぜると治ったそうである。

乳房を張《は》らした女性がやってくると乳を吸ってやった。乳は舌を巻いて吸うので大変疲れる。ゴロウジサが疲れると孫の健にその仕事がまわってきた。吸った乳は丼に吐き出した。子どもといっても歯があるので吸うのは大変であった。乳房を張らした女性の乳を吸う仕事を手伝わされた健は、「そういうものだと思っていたし、別にいやらしいと思ったことは一度もなかった」と語る。ゴロウジサが行くと産婦は安心して産めたという。当時は寝て産む出産で、寝ているとゴロウジサがお腹を押さえてくれた。赤子の頭が下に向いていないと難儀《なんぎ》するので、そちらへ向けてくれた。

ゴロウジサは村人にとって命の恩人と言われている。「男性であっても安心感がある。気さくなオジイでお産をしても違和感はなかった」という。「ゴロウジサも気にしてねえ、診てもらうほうも気にしてねえ」という具合で、男性のほうが力もあってがっちりしていて良かったと話す人が多い。持ち歩いた鞄には消毒薬とへその緒を切るハサミなどが入っていた。これは湯沢の医者から譲ってもらったものであるという。ゴロウジサは、赤子がでべそにならないようにへその緒を切るときには細心の注意を払った。出産に関して謝金は一切取らなかった。愛煙家だったのでお礼にタバコを持ってくる人や卵を持ってくる人があった。

赤子を取り上げてもらった女性の語り

ここで、実際にゴロウジサに赤子を取り上げてもらった女性から聞き書きした内容を紹介する。

【事例1】 原沢シゲノ（土樽中里、大正十三年（一九二四）生まれ）

私は子どもを四人産んだ。昭和二十二年（一九四七）、二十四年（一九四九）、二十五年（一九五〇）、二十八年（一九五三）である。初子《はつご》だけは村内の実家で産んだ。末っ子のときは瑞祥庵の奥さん（助産婦）に診てもらった。これは母子手帳をもらうためで、実際にはゴロウジサに取り上げてもらった。二番目の男の子は生後一か月で亡くなったが、この子はお腹の中で真横になってしまったので下に向けるようにさすってくれた。タオルをくるくる巻いて、かしがる（横になる）ほうへ押しつけて帯を巻いた。仕事をしていると再びかしがってしまうので、そういうときはゴロウジサがお腹をさすって元に戻してくれた。

昔は、出産というと原沢マケの女性が来てお湯を沸かしたり手伝ってくれた。産まれるとオボタテゴハンをすぐに炊いて食べた。これはお産の手伝いに来てくれた人に出すもので、オボタテゴハンは大勢の人に食べてもらうのがよいといった。ヒトオボヤは七日経ってからで、このときには小豆《あずき》ご飯を作った。子どもが産まれる際に、本家の女性をトリアゲバアサに頼むが、実際にはゴロウジサが出産に立ち会う。初誕生にはそのトリアゲバアサが餅を背負わせてくれた。

【事例2】　並木マサオ（土樽中里、大正十三年（一九二四）生まれ）

トリアゲジサが頼みやすいので頼んだ。乳房が張っていると乳房をもんでくれた。取り上げてもらってもお礼は特に必要ではなく、お酒を一杯飲ませた程度であった。私は昭和二十二年（一九四七）に長男を産んだ。そのときはトリアゲジサに頼んだが、昭和二十六年（一九五一）と昭和二十九年（一九五四）生まれの子は瑞祥庵に嫁いだ人が助産婦の資格を持っていたので、その人に取り上げてもらった。

【事例3】　剣持フミ江（土樽松川、大正五年（一九一六）生まれ）

ゴロウジサは毎日、新聞配達に来ていて、私の父と気があってよくお茶を飲んでいった。私は子どもを六人産んだ。初めての出産は昭和十一年（一九三六）で、それから昭和二十三年（一九四八）までの五人はゴロウジサに取り上げてもらった。末っ子の三女（昭和二十五年生まれ）は、群馬から林業の仕事で来ていた平野という人のおばあちゃんが取り上げ上手であったのでその人に取り上げてもらった。

【事例4】　南雲アサオ（土樽中里、大正二年（一九一三）生まれ）

同じ村内から昭和八年（一九三三）に数え二十一歳で南雲家に嫁ぎ、昭和九年（一九三四）に長女を産んだ。ゴロウジサに頼んでお腹をさすってもらうとすぐに赤子が産まれた。「ジイサが来たので、これで楽になれる」と思った。力があるので楽だった。仰向けに寝て、ゴロウジサがなぜると赤子がすっと出てきた。当時は奥のネドコで産んだ。畳にシビブトンを敷き、その上に布団を敷いた。腰まわりにあたる部分に灰ムシロ（灰をゴザに入れた物）を置いた。その上に刺し子の布を敷いてその上で産んだ。ゴロウジサは赤子を取り上げ、へその緒をカラムシでしばって切ると、「おいっ」と言ってトリアゲバアサに赤子を手渡した。トリアゲバアサがタライで産湯《うぶゆ》をつかわせた。ノチザンはゴロウジサがまとめて片づけ、男衆が墓地の隅に埋めた。トリアゲバアサは便所参りに連れて行った。昭和二十五年（一九五〇）生まれの三女まで計六人の子どもすべてをゴロウジサに取り上げてもらった。

【事例5】　南雲タケジ（土樽原、大正二年（一九一三）生まれ）

土樽生まれで、分家した。昭和七年（一九三二）に数え二十歳で結婚した。初産は昭和十年（一九三五）四月で、長女を産んだ。陣痛が始まったときに父親がゴロウジサを迎えに行った。

やって来るとすぐに産まれた。しかしノチザンがなかなか下りなかったので、ゴロウジサが両手で腹をすぼめて出してくれた。初子のときは長生きをするようにとトリアゲバアサを頼んだ。出産時にそばにいるだけであった。お産は軽かったが、二回ほど乳腫れしたことがあり、このときは五日町の南雲医院で治療した。五人を産み、末っ子は昭和二十二年（一九四七）九月生まれである。五人の子どもはすべてゴロウジサに取り上げてもらった。

【事例6】　今村トシエ（土樽原、大正三年（一九一四）生まれ）

中之島村生まれで昭和七年（一九三二）に数え十九歳で嫁いできた。ゴロウジサのことをゴロウセンドノオジイ（五郎左衛門のお爺の意）といった。昭和十年（一九三五）の初産から昭和二十五年（一九五〇）年までに六人産んだ。すべて軽いお産であった。初子から五番目まではゴロウジサに取り上げてもらった。いずれもゴロウジサが着いたときには産まれているという軽い出産であった。六番目は昭和二十五年で、このときは滝ノ又にいた南雲アイセという助産婦に取り上げてもらった。出産後七日目にヘその緒を約二〇センチのカヤに包んで便所へ吊したが、これは昔カヤでへその緒を切った名残であるとゴロウジサが教えてくれた。

【事例7】　今村よね（土樽原、大正二年（一九一三）生まれ）

村内婚であった。六人の子どもはすべてゴロウジサに取り上げてもらった。初産は昭和九年（一九三四）で、六番目は昭和二十二年（一九四七）であった。

以上の事例から判明することは次の点である。

①【事例1】の原沢シゲノは、昭和二十八年の出産のときには瑞祥庵の助産婦に診察をしてもらっている。それは母子手帳をもらうためだけで、実際にはゴロウジサが取り上げている。シゲノの婚家はゴロウジサの本家である。

②【事例2】の並木マサオは、瑞祥庵の近くに住む。昭和二十二年のときはゴロウジサだったが、戦後まもなく瑞祥庵に嫁いだ人が助産婦資格を持っていたので昭和二十六年と昭和二十九年生まれの子どものときはその人を頼んだ。

③【事例3】の剣持フミ江は六人産んだが、昭和二十五年の末っ子のときは群馬から来ていた人に取り上げてもらっている。

④【事例4】の南雲アサオは、昭和二十五年生まれの末っ子まで、計六人をゴロウジサに取り上げてもらっている。ゴロウジサとは縁戚関係にある。

⑤【事例6】の今村トシエの場合、六人の子のうち五番目まではゴロウジサが取り上げた。しかし昭和二十五年の末っ子のときは、滝ノ又に助産婦がいたのでその女性を頼むことにしたという。

⑥【事例5】と【事例7】は末っ子がともに昭和二十二年生まれで、いずれもゴロウジサに取り

上げてもらっている。

⑦【事例1】【事例4】【事例5】にはトリアゲバアサが出てくる。このトリアゲバアサは、出産の場面ではゴロウジサの助手を務める程度であった。赤子が長生きをするようにとトリアゲバアサを頼んだ。便所参りや初誕生に招かれるなど、儀礼上の役割が多い。

ゴロウジサがいつから助産を始めたかは不明であるが、聞き書きでは昭和九年（一九三四）には取り上げているから四十九歳のときには既に助産をしていたことが分かる。そのころはシンボルのひげは伸ばしていなかったという。健の記憶によると、ゴロウジサは三十七歳から助産を始めたという。

また、事例から推測すると、昭和二十二年まではほとんど独占的に取り上げているが、昭和二十五年（一九五〇）前後を境に助産をやめたと考えられる。これは瑞祥庵に助産婦の資格を有する嫁が住むようになる時期とほぼ一致している。昭和二十五年には滝ノ又にも助産婦がいた。もちろん事例からも分かるように、昭和二十五年以降もマケなど親戚筋の出産には立ち会っていた。しかし、昭和二十九年の出産に立ち会ったのが最後で、それはゴロウジサこと原沢政一郎が六十九歳のときであった。

民間医療にも従事

ゴロウジサは出産以外にも整体と針灸《しんきゅう》、六算除けや疳《かん》の虫のまじないなど、各種の民間医療を村人に施していた。それを裏付けるように、原沢家にはゴロウジサが書き写したまじないの本が残されている。腕の筋肉を痛めたときや仕事をして肋《あばら》が痛くなったとき、そして脱臼《だっきゅう》もすぐに治してくれた。ネブツを治す針を持ち、ネブツを切って膿を出してくれた。ゴロウジサは新聞配達をしていたが、頼まれると新聞配達の途中でも針治療をした。

一度だけ死産があったが、それは最初から死んでいたので自分のせいではないと言っていた。ゴロウジサは自分では手に負えないと判断すると、すぐに湯沢の高橋医院へ連絡するようにさせた。高橋医師は大きなオートバイに乗っていたので、オートバイが村にやってくると村人はどこかに病人が出たと噂し合った。あるとき、ゴロウジサのところへあごがはずれた老婆がやってきた。よだれをだらだら垂《た》らして話もできなかった。あごがはずれたと分かったが、ゴロウジサもあごがはずれたのは治したことがない。しかし治療しなくては老婆も困るだろうからと、耳の下のあごの付け根をさわっているうちに、はずれたあごがうまく入り、老婆は大変感謝して帰った。

ゴロウジサは荒沢《あらさわ》不動を信仰し、家にはホラ貝もあった。荒沢不動の祭りは毎年六月下旬で、本明院《ほんみょういん》を頼んでお祭りをしている。この不動を祀《まつ》ると安産で、土樽にはお産で死んだ人はいないといわれている。ゴロウジサは不動様を自分で彫ってこしらえ、それを毎日拝んでいた。現在も原沢家の床の間に祀られている。

戦後、瑞祥庵に助産婦の免許を持った嫁がきた。この人があるとき、ゴロウジサの家へやってきて「お産は資格のある人が取り上げることになっている」という話をしていった。そのとき、ゴロウジサはうなずいていたという。瑞祥庵の嫁が助産の仕事を始めてからも、ゴロウジサに頼みに来る人が絶えなかった。しかし、「俺も年取ったし、もう止めがあ」と言い、昭和二十五年（一九五〇）ころには自分の時代は終わりだと判断し身内だけを取り上げる程度になっていた。ゴロウジサの孫の久恵《きゅうえ》（昭和六生まれ）は、昭和二十八年に結婚し翌年女の子を産んだが、ゴロウジサはこのひ孫を取り上げている。これが最後の取り上げであるといわれる。

昭和四十四年（一九六九）一月五日、ゴロウジサは布団の中で按摩機を使用中に亡くなった。後生《ごしょう》のよい死に方で数え八十二歳だった。戒名は「瑞光院大安政道居士」と付けられた。この年は積雪が多かったので仮葬し、雪が溶けた四月十日に本葬をした。本葬にはゴロウジサに赤子を取り上げてもらった女性たちが線香を上げに来てくれた。そして、平成十四年（二〇〇二）五月二十五日に三十三年忌供養をした。(6)

まとめと課題

群馬県前橋市粕川町込皆戸のトリアゲジイサンと新潟県湯沢町土樽のゴロウジサの二人の男性産婆の存在は事実である。全国にこのような助産術に長けた人がどれほどいたのか見当がつかない。これは決して特殊な事例ではなく、探せばゴロウジサのような人物は少なからず存在している。[7]今までそのことに目が向かなかっただけかもしれない。先入観と創られた常識の怖さを知るとともに、予断を許さない調査・研究の大切さを改めて知る。

さて、助産分野に男性が参入する意義を考えてみよう。女性の気が付かなかったことを仕事の中で発揮するかもしれない。父親を出産の場に引き込むことにつながり、男性にも出産について考える機会を与えるきっかけになることは間違いないといわれる〔新村　一九九五　二八四〕。助産婦は出産時だけではなく、出産前から妊娠期間中の心構えなどについても指導している。出産後の湯浴びせや産後の授乳指導など助産婦が担う役割は大きかった。ゴロウジサの孫の健は乳房を張らした女性の乳を吸うなど、ゴロウジサの仕事を手伝わされた。「そういうものだと思っていたし、別にいやらしいと思ったことは一度もなかった。むしろそれが本当の性教育でした」と語るように、性の問題は特別視されておらず、違和感を持たなかったようである。

ゴロウジサのことを調べていくと、いずれの話者も男性に赤子を取り上げてもらうことを特別恥ずかしいと思わなかったと語る。むしろ男性のほうが力があってお腹をさするのが上手だったという。なぜ女性の産婆を頼まなかったのかという質問に対しては、「別に違和感はなかった」とか「身近にトリアゲジサがいたから」という回答が多かった。取り上げてもらった女性の多くが、「男性であっても安心感がある。気さくなオジイでお産の手伝いをしてもまったく違和感はなかった」と述べている。ゴロウジサは無口で、口の堅い人であったことも大きな信頼に結びついているように思われる。また、ひげを伸ばした老人という男性性を超越した雰囲気が妊産婦に安心感を与えたのかもしれない。

ゴロウジサがいつから助産を始めたかは不明だが、ゴロウジサの助産は、現代風にいえばボランティアであり、報酬はまったく期待していないものであった。謝礼はタバコや卵というからまさに薄謝であった。一方、有資格の助産婦を依頼するとある程度の費用がかかる。トリアゲバアサの時代には損得は度外視の相互扶助であったから、多産時代の庶民にとっては、出産費用などの経済的側面も無視できなかったであろう。そこに腕のよいボランティアの存在が生きてくるのである。その際に男女の差は度外視されていたと思われる。

また、人前で乳房を出し母乳を与える母親の姿を見かけなくなって久しいが、昔はその行為を恥ずかしいと思う意識が薄かったのではないか。妊産婦がイナリを治してもらうときにも裸体を見せることになるが、ゴロウジサに対して恥ずかしいと思った妊産婦は一人もいなかった。現代の女性たちの持っている恥ずかしいという感覚と、一昔前の女性たちの認識には大きな隔たりがあるように思われる。いずれにしても羞恥心の問題は十分解明されたわけではない。今後の課題にしておきたい。

《注》

（1）佐々木美智子『21世紀のお産を考える——二〇〇〇年男性助産婦導入問題から——』に、反対・賛成を含め、それぞれの立場からの豊富な資料とともに、その経緯が詳しく記されている。

（2）近世史研究者の斎藤洋一氏から『込皆戸の歴史と生活』にトリアゲジイサンの記述があることを教えていただいた。

（3）湯沢町史編さんに携わる津山正幹氏から高橋郁子氏のレポートが載った『湯沢町史編さん室だより』七号を送付していただき、初めてトリアゲジサの存在を知った。情報をお寄せくださった津山氏をはじめ、快く調査情報をご提供くださった高橋郁子氏と調査に便宜を図ってくれた湯沢町史編さん室に感謝したい。平成二十年八月に再調査を実施したが、平成十四年にお聞きした話者には死亡や不在で会えなかった。ゴロウジサの孫健氏から初出論文の訂正すべき点をご教示いただき、調査にあたっては高野美紀さん（湯沢町出身・東京家政学院大学院生）とそのご家族の協力を得た。

（4）『伊賀東部山村習俗調査報告書（三重県文化財調査報告書第十一集）』（三重県教育委員会、一九七〇）によると、三重県伊賀地方では腰抱きは夫や父親がするもので、妊産婦を後ろから抱えて股を膝で締めて産ませたという。「この地域では男性、夫や父親や舅は出産に立ちあうことを当然としていたのであり、むしろ分娩には欠く事のできない存在であった」（二二二ページ）と報告者の岡田照子は述べる。

（5）群馬県前橋市粕川町込皆戸の中谷昇（昭和四年生まれ）、やい子（大正十四年生まれ）夫妻と中谷すみ（大正八年生まれ）の各氏からの聞き書きをまとめた。

（6）新潟県南魚沼郡湯沢町土樽の原沢シゲノ（大正十三年生まれ）、原沢敏男（昭和二十二年生まれ）、原沢健（昭和十八年生まれ）、剣持フミ江（大正五年生まれ）、並木マサオ（大正十三年生まれ）、南雲アサオ（大正二年生まれ）、南雲タケジ（大正二年生まれ）、今村トシエ（大正三年生まれ）、今村よね（大正二年生まれ）の各氏からの聞き書きをまとめた。

（7）群馬県館林市赤羽長竹にも、「松本伊三郎というトリアゲの上手なジイサンがいて、昭和二年ごろまで盛んにトリアゲをしていた」という〔『館林市の民俗 あかばねの民俗』九七ページ」。また、同県前橋市北橋町上箱田の石田伍助は、村内はもちろん近隣町村にも頼まれて出かけ、取り上げた子どもは二百人近かったという。世話になった人たちが「伍嶽助産居士」と書いた石塔を建立した〔群馬県教育委員会編　一九六八　一五九〜一六〇〕。

《参考文献》

板橋春夫　二〇〇〇「産婆の生活と機能―「いのち」の保護の視点から―」『信濃』五二巻二号
井之口章次　一九五九「誕生と育児」『日本民俗学大系』四巻　平凡社
井之口章次　二〇〇〇『生死の民俗』岩田書院
大藤ゆき　一九六八『児やらい』岩崎美術社
岡田照子　一九七〇「通過儀礼」『伊賀東部山村習俗調査報告書（三重県文化財調査報告書第一一集）』三重県教育委員会
岡田照子　一九九八「誕生と育児」『講座日本の民俗学6　時間の民俗』雄山閣出版
恩賜財団母子愛育会編　一九七五『日本産育習俗資料集成』第一法規出版
群馬県教育委員会編　一九六八『北橘村の民俗』群馬県教育委員会
佐々木美智子　二〇〇一『21世紀のお産を考える―二〇〇〇年男性助産婦導入問題から―』岩田書院
新村拓　一九九六『出産と生殖観の歴史』法政大学出版局
高橋郁子　一九九九「人の一生・出産にまつわる話」『湯沢町史編さん室だより』七号　新潟県湯沢町教育委員会町史編さん室
館林市教育委員会編　一九八一『館林市の民俗あかばねの民俗』群馬県館林市教育委員会
東日本部落解放研究所　一九九四『込皆戸の歴史と生活』東日本部落解放研究所
吉村典子　一九九二『子どもを産む』岩波書店（新書）
和田文夫　一九七八「夫のつわり」『講座日本の民俗3　人生儀礼』有精堂

赤子を取り上げた男たち

群馬県における男性産婆の存在形態

問題の所在

男性の産婆がいた。そして助産の功績により顕彰碑《けんしょうひ》が建てられた男性がいた。また、世話になった人びとで葬列《そうれつ》が長蛇《ちょうだ》の列となった男性もいた。信じられないかも知れないが、男性が赤子を取り上げたのである。

私は、産婆に関する研究を進める過程で男性産婆の存在に気づき、『日本民俗学』二三二号に「トリアゲジサの伝承―出産に立ち会った男たち―」と題し、新潟県南魚沼郡湯沢《ゆざわ》町と群馬県前橋市粕川《かすかわ》町の男性産婆を報告した〔板橋　二〇〇二〕（前章）。その後、群馬県内における男性産婆について、多くの新知見《ちけん》を得ることができた。本稿は、群馬県における男性産婆の実態を詳しく紹介し、その存在形態を明らかにすることを目的とする。男性産婆はどのような地域にいて、いつごろ活躍したのか。そして、地域社会の中でどのように見られていたのか。男女の性差による認識の違いはなかったのか。産婆を管理統制する立場の人たちは男性産婆をどのように捉えていたのか。このような問いに迫ってみたい。

「産婆」という用語は、字のごとく出産介助に関わる女性を表しており、当然のことながら男性の出産介助者に対しては適切な用語が用意されていない。そこで本稿では「男性の産婆」という意味で、学術用語として「男性産婆」を使用することにする。実際には「トリアゲジイサン」「トリアゲジサ」「コトリドン」「○○じいさん」など、呼称が一定しておらず、それらを包括する用語として「男性産婆」が妥当と考えたからである。

1　報告されていた男性産婆

まず既刊の民俗調査報告書に記された事例を紹介する。報告内容に若干の重複もあるが、労をいとわず、男性産婆に関する記述はすべて原文のまま載せる。

【事例1】　渋川市北橘町《ほっきつ》上箱田《かみはこだ》の石田伍助

「上箱田の石田五助さんは男でトリアゲの名人で、たくさんの子供をとりあげたので石碑がたっ

ている。（上南室）」〔群馬県教育委員会編　一九六八　一五九〕

「伍助じいさんは名の通り男だが、お産にかけてはなかなかの名医で、村うちはもちろんのこと、富士見や西の方にも頼まれて出かけ、とり上げた子どもは二百人に近かったという。技術がすぐれていただけでなく人格もすぐれていたといわれ、伍助じいさん（お産婆さんとよんだ）がなくなるとお世話になった人たちがりっぱなお産婆さんのために寄合って石塔をたてて供養した。戒名には「伍嶽助産居士」とあり、台石には寄進者の名が並んで壮観である。（上箱田）」〔群馬県教育委員会編　一九六八　一六〇〕

【事例2】　渋川市北橘町箱田の戸部忠作

「昔下箱田におぜんさんという産婆がおり、その息子の戸部忠作さんは男ながら産婆の名人ともいう人で、中年以上の人は皆この人の世話になったものである。上箱田の石田五作さんも上手であった。いずれも女以上にまめであった。（箱田）」〔群馬県教育委員会編　一九六八　一六〇〕

「トリアゲバアサンは下箱田にはなかった。中箱田にオッカアのゼンさんがトリアゲバアサンだったが、その子の戸部忠作という人は、トリアゲジイサンとして知られた。下箱田の多くの人はこの老人にとり上げてもらった。お礼はオボシメシ程度である。ただトリアゲバアサンの葬式の時にはトリアゲマゴは参列するので、右のトリアゲジイサンの葬式の時は、たいへんにぎやかであった。（下箱田）」〔群馬県教育委員会編　一九六八　一六〇〕

【事例3】 前橋市粕川町込皆戸《こみがいと》の中谷金造

「この老人の父親も、「とりあげじじい」と言われ、部落のみならず周辺の農民の出産に際しても、産婆役を努めた名人であったとも聞いた。」〔東日本部落解放研究所　一九九四　九一〜九二〕

「中谷本家ではかつて「伯楽」の名称を持ち、代々漢方薬を作り、馬医者を営んでいた。中谷家の当主、清七の祖父にあたる中谷金蔵は産婆ならぬ「とりあげじいさん」であった。」〔東日本部落解放研究所　一九九四　一五二〕

【事例4】 館林市赤羽長竹の松本伊三郎

「松本伊三郎というトリアゲの上手なジイサンがいて、昭和二年ごろまで盛んにトリアゲをしていた」〔館林市教育委員会編　一九八一　九七〕

【事例5】 桐生市梅田町一丁目の庭野喜平次

「庭野喜平次ジイサンは男でも取り上げた。その外は近所の女の人が産婆をしてくれた。〔居館〕」〔群馬県教育委員会編　一九七〇　一四五〕

以上、群馬県内の男性産婆に関して明らかになった事例は、現時点では五人だけである。報告書の刊行年は一九六八、一九七〇、一九八一、一九九四年である。私はこの事例を手がかりに現地調査を実施した。次に調査結果を報告する。

2 男性産婆の追跡調査から

渋川市北橘町上箱田の伍助ジイサン（通称石田伍助、本名石田万造）

【事例1】と【事例2】は、いずれも『北橘村の民俗』に報告された。この報告書に拠《よ》った『北橘村誌』には「上箱田には石田五助《ママ》という男の産婆が有名で、この人のとりあげた数は非常に多いという。この人の改名《ママ》は「伍嶽助産居士」である」〔北橘村誌編纂委員会編　一九七五　一〇〇七～一〇〇八〕とだけ書かれている。

『北橘村の民俗』は、今井善一郎（一九〇九～一九七六）が概観を執筆している。「通過儀礼、人の一生の問題については妊娠、出産、育児等の問題に格別の習慣は見られない。」と述べるだけで産育についてては言及していない。一人の研究者が全分野を網羅すること自体に無理があるのだが、今井は助産術に長けた「伍助じいさん」と戸部忠作に関心を寄せていなかったようである。北橘村には今井のほかに都丸十九一（一九一七～二〇〇〇）もいたが、男性産婆の存在は群馬県の民俗学界を代表する二人に見過ごされてしまったのである。

【事例1】で「上箱田の石田五助さんは男でトリアゲの名人で、たくさんの子供をとりあげたので石碑がたっている。（上南室）」と報告された、取り上げ名人の石田伍助なる人物を直接知る人はいない。

明治四十三年（一九一〇）、石田伍助の助産に関する功績を讃えた顕彰碑が建てられた。この顕彰碑は、上箱田五七八番地の石田千春家南の杉木立の中にある。顕彰碑に「通称石田伍助、上箱田人也」と刻まれているように、伍助は通称で、本名を「万造」という。弘化二年（一八四五）五月二十八日に生まれ、大正九年（一九二〇）五月九日に没した。享年七十六歳であった。万造と妻阿さの長男が万作で、万作の妻ともは利根《とね》郡昭和村川額《かわはけ》から嫁いできた。

伍助の家は大きな茅葺《かやぶ》き民家でその窪地に建っていたが何度が転居し、子孫は現在上箱田に居を構えている。直系は上箱田で酪農を営む石田祐一（昭和三十三年生まれ）である。石田伍助の家系は、伍助―万作―梶丸―章治―祐一と続き、祐一にとって伍助は、曾々祖父にあたる四代前の人である。伍助については男性の産婆であったと聞いているだけであるという。

祐一の母マツ（昭和八年生まれ）は、富士見村から昭和三十二年に嫁いできたが、姑の志げから伍助のことを聞かされた。志げから聞いた話によると、ともは伍助に助産術を習ったという。嫁に来たばかりのマツは「上箱田のお産婆さん家《ち》の嫁」と呼ばれた。志げは、ともから薬草を薬研《やげん》で粉にする仕事を手伝わされた。ともは、「今日は少し体調が悪い」という日でも、お産の話が来るとすぐに出かけた。残された嫁の志げは双子の男の子もいたので、家事育児でいつも忙しくしていた。

上箱田の石田欣次郎（大正五年生まれ）は、伍助に直接会った記憶はないが、すぐ近所に住み、その孫梶丸が同級生だったので伍助のことを伝え聞いている。伍助は取り上げが上手で、そのために顕彰碑が建てられた。伍助は取り上げたお礼として酒や米をもらった。それも思《おぼ》し召《め》し程度であったという。また、ともも助産をよくし、伍助没後も赤子を取り上げたという。

石田イセ（大正十二年生まれ）は、伍助の後継者のともに取り上げてもらった。高齢で杖をついてやって来たのを覚えている。四人の子どものうち長女（昭和二十一年生まれ）と次女（昭和二十四年生まれ）をともに取り上げてもらった。布団を丸め、それに向き合い、うつむきになって産む方法であった。腹部を強く押し後産《のちざん》を押し出すような方法だったが、腰をしっかり持ってくれたので楽であったという。また、出産後にアトバラ（後腹）が痛いとき、ともは調合した薬草を持ってきてくれた。その薬草はよく効いたという。

顕彰碑は、高さ二二二・五センチの大きさで、台石正面に「産子中」と記され、塔身正面には「（家紋）伍嶽助産居士」、塔身左面には「通称石田伍助、上箱田人也、嗣曰万作既継家、伍助齢六十六、今猶矍鑠壮者、嘗受産術於真壁郡文婆、以施人乞其術平産者百有余人、父兄及産子徒相謀り合資、建碑以伝于後云　明治四十三季十月　茂木詢書」と刻まれる。

そして塔身裏面に「あなうれし、あなうれしきや、いし文に、栄誉のこれる、しるしなりせは」と歌が刻まれている。この短歌は、伍助が顕彰碑の建立を喜んで詠《よ》んだものである。歌のすぐ下に伍助と考えられる着物姿の人物線描がある。

台石には、発起人九人、合資者として当所八〇人、台石下に当所二七人、山口一〇人、長井小川田一人、滝沢一人、三原田一人、田島二人、中箱田三人、真壁三人、米野二人、漆久保一人、上南室三人、一ノ木場三人、特別合資者六人、の合計一五二人が刻まれている。石工は赤城村棚下の内海亀吉である。伍作に取り上げてもらった「産子」は北橋村だけでなく、富士見村や赤城村に及んだことが顕彰碑に刻まれた地名から分かる。

【事例1】の報告では「伍助」と「伍作」が併用されているが、顕彰碑には「伍助」の名が刻まれている。また、報告書には「なくなるとお世話になった人たちがりっぱなお産婆さんのために寄合って石塔をたてて供養した」と死後に供養塔が建てられたと記されている。しかし碑文をきちんと読めば、少なくとも顕彰碑は生前に建てられたことが分かるのである。

なお、石田祐一家には「聖道院智釼医光居士」と刻まれた位牌があり、この人物は明治三十五年（一九〇二）四月二十八日に没している。「善蔵こと善之丞」とあるが、伍助の父に当たると考えられる。戒名《かいみょう》に「医」の字が見えるところから医術に長じた人らしい。マツによれば、昔は引き出しのたくさん付いた特注の茶箪笥《ちゃだんす》があり、その中に薬草も入っていたという。薬研で家庭薬を調合していた。その薬研は現在も残る。(1)

渋川市北橋町箱田のトリアゲジイサン（戸部忠作）

【事例2】の戸部忠作は、「男ながら産婆の名人」と呼ばれた人物で、明治十二年（一八七九）

十一月二十二日に弥三郎・ぜんの二男として生まれた。長男の作太郎は農業を継がず家を出たので、二男の忠作が家督を継いだ。母ぜんは、安政元年（一八五四）七月二十三日の生まれで、昭和四年三月二十六日に数え七十六歳で死亡している。ぜんは農業のかたわら小間物《こまもの》を背負って売り歩いた。赤子の取り上げが上手であったと伝える。

母親のぜんから助産術を習った忠作は、赤子を取り上げるようになり、村人から「トリアゲジイサン」と呼ばれた。忠作は子どもが好きで、村人から「忠さん」の愛称で親しまれた。箱田の人たちは忠作の世話になった。孫の和江（昭和四年生まれ）は、「北向きの忠さん」と呼ばれるほど頑固な一面もあったという。孫の和江（昭和四年生まれ）は、長寿会の役員として下箱田へ金杯《きんぱい》を届けに行ったときに「戸部さんは忠さん家《ち》かい」と九十歳になる老人から言われたことがある。箱田以外でも忠作の名は広く知られていたのである。

忠作は家計の苦しい親戚の子を預かったり、出征した家の子も来ていたので家の中はいつもにぎやかであった。忠作の長男である光一夫妻は別棟に住んでいたが、いつも行き来していたので孫の和江は、祖父忠作のことをよく覚えているという。暮れに行くと、取り上げてもらった家から歳暮に米一升、乾麺、うどん粉などが届いていた。

狩野いし（大正三年生まれ）は、長女（昭和十五年生まれ）、長男（昭和二十二年生まれ）、二男（昭和二十五年生まれ）と三人の子を忠作に取り上げてもらった。「忠さんは取り上げが上手だったね。女だってできやしねえ。へその緒も上手に切ってくれた。よくもまあ、あんなことを覚えたもんだ。しかも取り上げた赤子をきれいに洗ってくれるんだ。普通の人にはできねえ」と語る。

一週間くらい湯浴びせに毎日来て、赤子の耳の後ろを手で押さえて抱き、「いい子だ」と言いながら洗ってくれたという。

根井とり（大正二年生まれ）は、昭和十五年（一九四〇）に隣村の前橋市富士見町時沢（現前橋市）から嫁いできた。初子は実家で出産する習わしであるが、実家の母と姉が既に亡くなっていたので婚家で生むことにした。義母たちから「この近所の者は皆忠さんにお世話になるんだよ」といわれた。男性産婆をさほど不思議に思わず「そういうものか」と思った程度だった。とりは第一子を昭和十六年に生み、忠作に取り上げてもらった。忠作は産婦のいる家に手ぶらで来た。左利きの器用な人であったという。そして、ちょうどその翌年に規則が変わり、正規の産婆に頼まないと妊産婦手帳がもらえないというので、とりは昭和十七年（一九四二）以降の子はすべて産婆を頼んだ。

忠作が出産に携わり始めた時期は不明であるが、亡くなる前年まで取り上げていたという。忠作は昭和二十六年（一九五一）五月十五日、脳溢血《のういっけつ》で死亡。数え七十三歳だった。葬式は盛大で、家から墓地まで一〇〇メートルほどあるが、葬列の先頭が墓地に着いたとき、最後尾の人はまだ庭にいたというほどであった。神葬祭なので戒名はない。なお、死後も墓石にはときどき花が供えられていた。(2)

前橋市粕川町込皆戸のトリアゲジイサン（中谷金造）

【事例3】で「周辺の農民の出産に際しても、産婆役を努めた名人であった」と記載された前橋市粕川町込皆戸の人物は中谷金造である。引用文では「金蔵」となっている。これは誤りで、正しくは「金造」である。

金造は村人から「トリアゲジイサン」と呼ばれていた。位牌によると、昭和十七年（一九四二）七月二日に数え七十七歳で没している。戒名は「宏徳普演信士」である。没年から計算すると慶応二年（一八六六）の生まれである。本職は伯楽《はくらく》（馬医者）で馬の病気を治したりした。体のがっちりした人で、孫の昇（昭和四年生まれ）は子どものころ、腕をつかまれ痛かったことを覚えているという。

トリアゲジイサンは、込皆戸だけでなく近隣の宮城村大前田（現前橋市）や粕川村新屋（現前橋市）からも赤子の取り上げを頼まれた。昭和十年代になると、昇さんの両親は「頼まれても行かないほうがいいよ。法律が変わったんだから捕まっちまうよ」と注意したものだという。晩年は中気で半身不随になってしまった。それでもトリアゲジイサンに取り上げをしてもらおうと、リヤカーを牽《ひ》いて迎えに来る家もあった。取り上げた家では、名付けにあたってトリアゲジイサンの名である金造から「金」の一字をもらって金平、金七、きん、金作などと付ける場合が多かった。

あるとき、仮死状態で生まれてきた赤子があったが、トリアゲジイサンは逆さにして尻を叩いたりして生き返らせたという。また、妊婦のお腹をさすると大変楽になったという。「ジイサンにさすってもらったらうんと楽になった」と語る妊婦が多かった。さすってもらった後に便所で赤子が生まれてしまったこともあった。それでその子は「オトシ」と名を付けた。これは近所の中谷すみ（大正八年生まれ）の親戚の人で、あわててすみの母がサラシを持っていった。それほどトリアゲジイサンはさするのが上手であったという。出産介助でお礼をもらうことはなかった。タバコが好きだったのでタバコ銭として謝礼をする家もあったが、お七夜に赤飯を蒸かしてお礼に持ってくる家が多かった。

トリアゲジイサンの母や祖母が産婆であった形跡はなく、どこで助産術を覚えたのかは不明である。このトリアゲジイサンに赤子を取り上げてもらった当時の妊産婦は生存しておらず、伝承はいずれも伝聞の域を出ない。資料的限界はあるが、込皆戸の女性たちは男性である中谷金造に赤子を取り上げてもらうことに何ら違和感を持たなかったようである。伯楽を生業《なりわい》としていたことから、馬の病気を治したり、出産に関わるなど、いわゆる獣医としての技術と知識は該博《がいはく》なものがあったと推察できるのである。(3)

館林《たてばやし》市赤羽長竹《あかばねながたけ》のコトリドン（松本伊三郎）

【事例4】は「松本伊三郎というトリアゲの上手なジイサンがいて、昭和二年ごろまで盛んにトリアゲをしていた」といういうわずかな情報であるが、年代がはっきりしており、信憑性の高い聞き書きと推察される。

館林市赤羽長竹は、現在の館林市羽附旭《はねつくあさひ》町である。長竹は市の東端部に位置し、鶴生田《つるうたがわ》川を隔てて邑楽郡板倉町籾谷・岩田に隣接する。『板倉町の民俗行事その三（人生の通過儀礼調査報告書）』（一九七八）は、隣接市町村も視野に入れた詳細な報告書であるが、残念ながら長竹のコトリドンの記述はない。また、群馬県教育委員会編『板倉町の民俗』（一九六二）にもコトリドンの記事は見あたらなかった。

コトリドンこと松本伊三郎は、現在の館林市羽附旭町八二〇番地の松本千代子家である。千代子（大正十三年生まれ）の夫の祖父にあたる。伊三郎は万延元年（一八六〇）七月十二日生まれで、昭和十一年（一九三六）一月二十四日に亡くなった。七十七歳であった。戒名は「賢光慶範居士」である。伊三郎は「コトリドン」「コトリの伊三《いさ》さん」「長竹のコトリ」と呼ばれていた。地元だけでなく、板倉町岩田などにも頼まれて赤子を取り上げに出かけていた。

松本千代子は、伊三郎没後の昭和十九年（一九四四）に、孫の一男に嫁いだ。祖父が赤子を取り上げていたので、婚家は村人から「コトリ」と呼ばれていたことを覚えているという。今でも八十歳前後の人には「コトリの家」で通用する。伊三郎は自分の手に負えないときには、大名小路にある伊藤産婦人科へ頼んだ。一年に何度か先生の所へ行き来していたようである。

伊三郎は取り上げるのが上手であった。取り上げの謝礼は思し召し程度で、お金に困っている家からは謝礼を一切取らなかった。「祖父の亡くなった一月二十四日は大雪でした。取り上げてもらった人が線香を上げに来てくれたので、その香典返しの砂糖を買うためにリヤカーを使って運んだそうです」と千代子は語る。伊三郎の書いた帳面もあったが、東北自動車道予定地になり引っ越しを余儀なくされ、多くの書類は処分された。

村田福宝（大正八年生まれ）によれば、伊三郎は気持ちが優しく、子どもの面倒をみるのが大変上手な人で「コトリのおじさん」と呼んでいた。福宝は成人してから伊三郎がコトリになるきっかけについて親に尋ねたことがある。親の話では、近所に遊びに行っていたとき、その家の嫁が急に産気づいてしまい、取り上げられる人がいなかったので仕方なく取り上げたのが始まりだという。男性がコトリをしたので評判になり、次第に助産を頼まれるようになったという。その後、男性が女性に手をかけるというのはよくないからやめるようにと警察から沙汰があった。しかし、その後も村人が頼みに来るので内緒でコトリを続けていたらしい。

村田大次郎（明治四十四年生まれ）は足利で生まれた。小学校卒業後、奉公に出たが、昭和六年に両親の実家がある長竹に戻った。そこで伊三郎の晩年を知るが、そのときは既にコトリをやっていなかった。伊三郎は五十歳ごろに赤子を取り上げる機会があり、取り上げが上手で評判になった。大正五年（一九一六）ころに許可制になり、免許を持った産婆の仕事が無くなってしまうし、違法性を指摘されたのでやめたという。昭和十七年（一九四二）生まれの長男は、満州の病院で医者が取り上げたが、次男は医者がいなかったので大次郎が見様見真似《みようみまね》で取り上げた。また、昭和二十三年（一九四八）に生まれた女の子のときは、産婆の青木ことに頼んだ。当時は自転車で迎えに行くと、産婆は自転車でやって来た。

松本チヨ（昭和二年生まれ）は、昭和二十五年（一九五〇）に嫁に来たので伊三郎を直接知らない。嫁ぎ先の両親である林治（明治三十三年生まれ）・よし（明治三十五年生まれ）が「コトリドン」の話をしていたが、分からなかったので質問したことがある。義父の林治は『あかばねの民俗』における話者の一人である。

村田一五郎（大正四年生まれ）は、現在赤生田《あこうだ》町に住むが、生まれも育ちも長竹である。伊三郎は「コトリドン」と呼ばれていた。一五郎の畑が伊三郎家のすぐ近くにあり、父と畑仕事に行くと、伊三郎から「お茶を飲んでいけ」といわれ、焼いたイカをお茶受けに出してくれた。当時はイカが珍しくおいしかったのを覚えているという。産後二一日目に床上《とこあ》げをするが、そのときに取り上げの謝礼としてイカを贈られたものであろう。

一五郎自身も伊三郎に取り上げてもらったと聞かされていた。弟（大正十二年生まれ）・妹（大正十五年生まれ）も伊三郎に取り上げてもらった。特に大正十五年生まれの妹のときはネドコの薄暗いところで出産したので覗《のぞ》いていた。すると子どもはあっちへ行けとしかられたことを記憶しているという。

伊三郎は、板倉町内蔵新田あたりまで出かけていた。お産のある家ではリヤカーで迎えに来たので、相撲取りのように太った伊三郎はそれに乗って行った。助産の謝礼として若干のお金をもらっていたらしい。産湯《うぶゆ》につからせるのは近所の老婆がやっていた。一五郎は、伊三郎が赤子の助産をやるようになるきっかけを改めて両親から聞いたことがなかった。「伊三郎は豚のコトリが上手だったから、恐らくその技術を応用したのだろう」と一五郎は推測する。あるとき警察が調べに来て、男がコトリをするというのはいけないといわれた。そして警察が来てから、伊藤産婦人科の先生と話し合いをして難産のときは医者に来てもらうようになった。(4)

桐生市梅田町の庭野喜平次ジイサン

【事例5】の「庭野喜平次ジイサンは男でも取り上げた」という報告は、読み方によっては二つに取れる。つまり、①庭野喜平次は男性産婆である、②庭野喜平次は男性だが器用なので赤子を取り上げたことがある、という二通りの読み方である。かつて夫が赤子を取り上げることは決して珍しいことではなかったから、②のようなことであったかも知れない。いずれにしても、この記事は不明瞭な内容である。

現在、梅田町に庭野姓はない。『桐生市梅田町の民俗』の記述について、地元の郷土史研究者に問い合わせる一方、桐生市に住む計四軒の庭野姓についてすべて確認した。しかし、残念ながら庭野喜平次に関しては手がかりを得られなかった。なお、採集地の「居館《いだて》」は、現在の桐生市梅田町一丁目で、旧大字は上久方にあたる。桐生の市街地に最も近い所に位置する。交通の便からいっても山間部ではなく、医療事情が悪い地域ではない[5]。

3 産婆制度と男性産婆

産婆制度と外国の男産婆

まず産婆に関する制度史を概観しておく。産婆は江戸時代から職業として存在したが、多くの地域で近隣に住む取り上げ上手な女性が赤子を取り上げていた。ときには姑が取り上げたし、稀には自分一人で取り上げる者もいた。産婆には、隣近所の経験豊かなトリアゲバアサンと専門教育を受け開業免許を持つ産婆の二種類ある。両者は性格がまったく違うので、開業免許を持つ産婆を「近代産婆」(6)と呼んで区別する。

明治新政府は国民保健向上を目指し、明治元年(一八六八)十二月二十四日、太政官《だじょうかん》布告を発し、産婆に関して自覚を促している。明治七年(一八七四)の医制公布に際しても産婆に関する条項が設けられた。その条文には産婆は女性に限るとは明記されていない。「産婆=女性」が当然と考えたので改めて明記する必要がなかったのかもしれない。この医制はそのまま実施されたのではなく、各地方の取締規則に委ねられることになった。それは明治二十三年(一八九九)十一月に内閣記録局からの照会に対する内務省衛生局の回答によって推察できるという〔厚生省医務局 一九五五 二〇五〜二〇八〕。

全国的な統一法規ができたのは、明治三十二年(一九一〇)に「産婆規則」が公布されてからである。産婆になるには所定の試験に合格することが要件とされたが、明治四十三年(一九一〇)の改正で内務大臣の指定した学校・講習所を卒業した者は無試験で産婆名簿に登録できることになる。こうして産婆に関する制度は徐々に整えられていった。

熊本県の産婆について考察した安田宗生によると、無免許産婆はかなり存在しており、その実態はほとんど分からないという。無免許で出産にたずさわる者が産婆の弟子であるとか、代診で間に合う場合もあった〔安田 一九九七 一四〜一五〕。このように産婆制度が確立していく時代にあっても、地方に普及していくのは極めてゆるやかなものがある。そのために昭和十年代までトリアゲバアサンが活躍する地域が少なくなかった[7]。
出産そのものは個人の出来事である。それが昭和十年代になると出産は常に国家や時代と深く関わっていく。【事例2】に見るように、昭和十七年（一九四二）に妊産婦手帳の交付が始まったので、免許のない産婆は出産介助をやめざるをえなかった。これは戦時下、人的資源拡充のために「産めよ、殖《ふ》やせよ」のスローガンで出産を奨励したことに連なる。妊産婦がたくさんの子を産み、それが戦力となって戦争に勝つという目的遂行のためでもあった。昭和十五年の国民優生法公布、昭和十六年の保健婦規則公布、昭和十七年の妊産婦手帳規定公布と一連の政策が続いたのである。「今からでも間に合う、さあ産もう」という標語ができ、厚生省が人口局を新しく設置した時代であった〔藤田　一九八八　八六〕。

さて、外国には「男産婆（man-midwife）」がいた。アメリカでは、一七四〇年以降に男産婆が存在した記録が残っている。その男産婆は各種の器具を使う医療技術者と捉えられており、現在の産婦人科医に近いものであった〔鈴木　一九九七　三〇〕。イギリスでは、一六二五年に「男産婆」という語が作られたが、それが定着するのは十八世紀のことである。それまでの出産風景は女性たちだけの儀礼中心であり、夫は出産の場に立ち入ることも許されなかった〔出口　一九九九　二〇二〕。そして、一七五〇年代から助産婦の代わりに、男産婆を家庭での分娩《ぶんべん》に依頼することが普及し始める。十七世紀までは男性医師が助産婦なしに出産に立ち会うことはなく助産婦の付き添いもしくは協力者という立場で望むのが普通であった。つまり男性医師がいる出産は必ず助産婦がいたのである〔出口　一九九九　二〇六〕。

男性医師が出産の立ち会いを求められるのはたいてい緊急の場合で、母子ともに危険な難産のときが多かった。そして、母体から胎児《たいじ》を出して妊産婦を救うために鉤針《かぎばり》や鉗子《かんし》を用いた。イギリスの男産婆は、鉗子を用いるだけでなく、解剖学的知識を得て女性の体内、生殖器、そして胎児の図を銅版画家に描かせた。このように科学的研究の成果に基づいて助産術も経験的教育ではなく科学的教育が行われるようになった。以上のようにイギリスやアメリカにおける男産婆は、男性医師（外科医）とほぼ同義語であった。

一方、わが国における産科医の系譜は、十八世紀半ばの賀川玄悦の回生術に求められる。賀川流産科学の誕生を近代産科学の黎明《れいめい》と捉える視点もある。回生術の誕生経緯は、医者でもない産婆でもない第三者が出産に立ち会ったことによるといわれ、そのために出産にあたって男性の関与を否定していない。むしろ男性の助力の必要な場面を説明しているほどである〔沢山　一九九八　二二一〜二三二〕。

男性産婆の特徴

群馬県の男性産婆が助産にたずさわるきっかけは、母親がトリアゲバアサンであった、助産術を何らかのきっかけで会得した、というように必ずしも一様ではない。館林のコトリドンは、偶然出産の場に立ち会って無事出産させたのがきっかけという。前橋市粕川町のトリアゲジイサンは伯楽で、現在で言えば獣医である。また館林市のコトリドンも豚の子取りが上手だったという伝承もあり、出産そのものに違和感のない環境が揃っていたともいえる。

民俗学では、出産におけるケガレ観は重要なテーマの一つである。しかし、男性産婆たちには民俗的なケガレ意識は無縁であったようである。たとえケガレ意識があったとしても、それを超越していたと考えてよいだろう。産屋に男性が入るべきではないという観念は九世紀に始まる産《さん》穢《え》の禁忌《きんき》によるという。(8) 聞き書きにあるように、渋川市北橘町の戸部忠作は他人の子どもを預かるほどの子ども好きであった。これなども助産を考える上で重要なことであろう。

トリアゲバアサンの時代には座産《ざさん》であった。有資格者である近代産婆たちが寝産《ねざん》を普及させた。それは仰向けに寝て産む方法である。出産方法は座産から寝産へと変化したのである。たとえば群馬県山田郡大間々町高津戸（現みどり市）では、おおむね昭和十年代までは座産であった。昭和初期、高津戸でトリアゲバアサンへ出産介助を頼んだ妊産婦が無事赤子を出産した。ちょうど警察が産婆に対する無免許の取り調べをしており、出産したばかりの所へ巡査が来て取り調べを始めたので産婦はショックを受けて寝込んでしまい死亡する事件が起こった。その事件をきっかけに高津戸ではトリアゲバアサンに頼むのをやめ、資格のある近代産婆を依頼するようになったという〔板橋　二〇〇〇　三四六〕。

男性産婆がどのように赤子を取り上げたかはほとんど聞くことができない中にあって、渋川市北橘町上箱田の石田イセ（大正十二年生まれ）からトリアゲバアサンの系譜と考えられる出産法を聞き書きすることができた。イセは実家の母親が亡くなっていたので実家に帰らず婚家で出産した。長女（昭和二十一年生まれ）と次女（昭和二十四年生まれ）の二人は「とも」に取り上げてもらった。このときの出産は、丸めた布団にうつむきになって産む方法であった。腹部を強く押してノチザンを出す方法であったが、腰をしっかり持ってくれるので楽だったという。下の二人、すなわち長男（昭和二十七年生まれ）と次男（昭和二十九年生まれ）の出産のときは村内の産婆を頼んだ。このときは寝て産むやり方であった。近代産婆より石田とものほうが楽な出産であったという。しかも出産後にアトバラ（後腹）が痛いというと、ともは草を調合してくれた。その薬草はよく効いたという。

法律上、男性には産婆としての資格がなかったし、現在も無い。しかし事例を見る限り、女性たちの男性産婆への信頼は驚くべきものがある。それは伍助ジイサンの顕彰碑や戸部忠作の葬式の記憶からも明らかであろう。男性産婆は、経験が豊富であるために新米の産婆よりも取り上げが上手だし、力があったので楽であったといわれている。

館林市のコトリドンは、男性が女性に手をかけるのはよくないからやめるようにと警察から沙汰があったにも関わらず、村人が頼みに来るので内緒で助産を続けていたと伝える。同様の話は前橋市粕川町の事例でも捕まってしまうからやめるようにと家族が言っても、妊産婦たちは身近で上手な出産介助者を頼ったのである。

地域の女性たちに男性産婆はどのように見られていたのか。これが実は意外と分からない。男性産婆に取り上げてもらった人の多くは鬼籍《きせき》に入っており、体験者から直接聞くことができない。渋川市北橘町箱田の戸部忠作に取り上げてもらった女性によれば、「忠さんに頼む」という感覚はごく自然で、男性云々にはこだわらなかったという。伍助の孫の妻にあたる石田マツは、嫁に来たときに「おじいさんは産婆だったと聞かされて驚いたが、長男の嫁に助産術をよく教えたものだと思いますね」と語ってくれた。この感想は、男性が出産介助をするだけでなく、その男性が長男の嫁に助産術を伝授することを不思議と感じる時代が来たことを示している。

まとめと課題

従来の通過儀礼研究において、男性産婆に関する研究は皆無であった。男性産婆の存在すらほとんど認識されていなかったのである。男性産婆の存在を推測できる例の一つに岡田照子の論文がある。それは「出産に臨んで夫や父親・祖父などが産婦を後ろから抱いて手助けする地方もあるが、これを腰抱きの役・産婦が眠らぬようにするための見張り役ともいい、トリアゲジイサンともよんでいた」〔岡田　一九九八　二三二〕というものである。

長崎県壱岐では、産婆のことをコズエーウバ・コズエーバサーと呼び、その職につく人は女性ばかりでなく男性もいた〔恩賜財団母子愛育会編　一九七五　二二一〕し、長崎県北松浦郡では、ハラオサエといって男性が一方の膝の上に産婦をすわらせ、両手で後ろから力一杯腹を押さえた。このような例は取り上げ婆の役目を引き受けていたので取り上げ爺と呼ばれた〔大藤　一九六八　四三〜四五〕。

吉村典子は、男性が出産に深く関わったことを豊富な民俗調査から明らかにした。たとえば、愛媛県大洲《おおず》市上須戒《かみすがい》において明治三十三年（一九〇〇）生まれの女性から、出産時に夫が後ろから抱えてくれ、へその緒も切ってくれたという話を聞き、男性がいるとお産は難しくなるという離島と、男性がいないとお産は難しくなるという山村との出産文化観の違いを検討した〔吉村一九九二 二四〕。その中で吉村は「この山村にはお産を手伝ってくれる人（産じいさん、とりあげ婆さんと村人は表現した）もいた」と記しているのである〔吉村 一九九二 三六〕。これらの事例が教えるのは、全国各地を探せば、さらに男性産婆の事例を追加できる可能性があるということである。

ここで群馬県における男性産婆の存在についてまとめておこう。男性産婆の活躍が確認できた地域は、渋川市北橘町・前橋市粕川町・館林市の三地区である。地域的には必ずしも山間部というわけではない。また、男性産婆の活躍した時期は、明治から昭和二十年代までと年代に幅がある。男性が出産に関わったのは決して特殊な事例ではない。むしろ男性の出産介助者を特殊なものと認識するようにしたのは、近代産婆制度確立の結果と考えられる。つまり出産介助者は女性に限るという伝統は、さほど古いものではないと推測されるのである。

産婆制度史との関連で特に注目したいのは、渋川市北橘町箱田の根井とりが語るように、国が妊産婦手帳の交付を始めたことであろう。とりは第一子を男性産婆に取り上げてもらったが、正規の産婆に頼まないと妊産婦手帳が交付されないというので、第二子以降は免許のある近代産婆に出産介助を頼んだ。昭和十六年（一九四一）に保健婦規則が公布され、その翌年から妊産婦手帳が交付されるようになり無免許の産婆が排除されていったのである。

明治時代の男性産婆である石田伍助に関しては、既に伝聞の領域となっている。それ以降の男性産婆に関しても、その存在を記憶する人たちはみな高齢であり、今後は聞き書きによる再確認がきわめて困難になるだろう。その意味でも男性産婆は人びとの記憶から忘れられようとしているのである。館林市の事例が示すように、昭和十年代に入ると保健衛生を管轄していた警察の管理監督が厳しく、近代産婆の進出とともに男性産婆の活躍の場は徐々に狭まったと考えられる。近代産婆制度は、妊産婦死亡率と乳幼児死亡率を大きく減少させる役割を担ったが、一方で戦争中の子宝《こだから》政策と深く関わり近代産婆の増員につながった。

そのころ、わずかに残る男性産婆の存在は、産婆を監督する警察当局に黙殺され、助産は女性の仕事という認識が強くなっていったと想像される。男性産婆のことが警察の取り締まり記録や当時の新聞などに記録されていないだろうか。今後は、この点にも注意を払っていきたい。群馬県内の男性産婆は、トリアゲバアサンの範疇《はんちゅう》に入る存在で、いわゆる近代産婆に駆逐《くちく》された者たちである。しかし、男性産婆が地域の出産文化に貢献していたことは事例からも明らかである。本稿で取り上げた地域の女性たちは、男性産婆の存在について何ら違和感はなかったという。この男性産婆やトリアゲバアサンが持つ伝統的な助産術は、近代産婆による近代的助産術に凌駕《りょうが》されていく。

なお、旧来の出産文化を根底から変革する原動力となった近代産婆の養成については、近年ようやく研究が進められてきた状況である。(9) 群馬県の近代産婆養成史については未開拓分野であり、今後の研究課題の一つとしたい。

《注》

(1) 石田伍作の調査にあたっては、今井登先生(元北橘村歴史民俗資料館長)にお世話になった。伍助の菩提寺である北橘村真壁の桂昌寺過去帳などを調査し、生没年をはじめ各種情報をご教示くださった。通称伍助こと万造の子孫は、現世帯主の石田祐一さんである。祐一さんの母マツさん(昭和八年生まれ)、石田繁夫(大正十五年生まれ)・イセ(大正十二年生まれ)夫妻、石田欣次郎さん(大正五年生まれ)から伍助・ともに関してお聞きすることができた。

(2) 渋川市北橘町箱田の戸部忠作の調査にあたっては、戸部三男寿・和江夫妻にお世話になった。特に忠作の孫にあたる和江さん(昭和四年生まれ)は、話者宅までご案内してくださり、聞き書きに際しても有益なご助言をいただいた。なお、話者の情報は今井登先生にご教示いただいた。

(3) 群馬県前橋市粕川町込皆戸の中谷昇(昭和四年生まれ)、やい子(大正十四年生まれ)夫妻と中谷すみ(大正八年生まれ)の各氏からの聞き書きをまとめた。なお、この部分は「トリアゲジサの伝承—出産に立ち会った男たち—」で報告した内容と重複するが、本稿の性格上、再度取り上げることにした。

(4) 長竹のコトリドンこと松本伊三郎に関する調査は、館林市史編さん民俗調査の一環として行った。調査及び資料の掲載にあたっては、館林市史編さんセンターの岡屋紀子さんにお世話になった。現地調査では、松本千代子(大正十三年生まれ)、村田福宝(大正八年生まれ)、村田大次郎(明治四十四年生まれ)、松本チヨ(昭和二年生まれ)、村田一五郎(大正四年生まれ)の各氏から、いろいろとお聞きすることができた。

(5) 庭野喜平次については、桐生市の大里仁一先生にご教示いただいた。また、桐生市文化財調査委員の平塚貞作氏(梅田町一丁目在住)は、地元の古老から聞き取りをしてくださった。その一方で私は桐生市内の庭野姓すべてにあたってみた。庭野姓は新潟県十日町出身だが、梅田町在住の親戚はなく、残念ながら庭野喜平次についての情報は得られなかった。今後も引き続き、庭野喜平次という人物に注意していきたいと思う。桐生市の庭野伊勢雄、庭野安夫、庭野輝子の各氏には貴重な情報をお寄せいただいた。

(6)「近代産婆」の用語は、西川麦子の使用法による。産婆試験に合格した免許を持った産婆であり、二十世紀の初めに登場し、長年にわたって地域社会で活動してきた〔西川　一九九七　四〜五〕。

(7) たとえば、長野県では一九三〇年代に近代産婆の活動が確立するが、その大きな推進力となったのは巡回産婆であった。長野県諏訪郡平野村では、一九二九年当時、年間一五〇件ほどの出生数があり、半数は巡回産婆を利用した。しかし、残り半数は産婆あるいは取り上げ婆によって処理されている状況であった〔湯本　二〇〇一　七五〕。

(8) 院政から鎌倉にかけての産穢の規定によれば、産褥は後産にはじまると考えられており、後産の段階まで産屋にとどまると介添えも産褥に染まるとされた〔新村　一九九六　一七三〕。

(9) 湯本敦子の一連の研究により長野県の産婆養成史と産婆の活躍が明らかになった。関連研究として、矢嶋千代子「上田地域の助産婦のあゆみ」などもある。

《参考文献》

板倉町史編纂室　一九七八　『板倉町の民俗行事その三（人生の通過儀礼調査報告書）』群馬県板倉町

板橋春夫　二〇〇〇　「いのちの実感」『大間々町誌別巻六特論編』群馬県大間々町

板橋春夫　二〇〇二　「トリアゲジサの伝承―出産に立ち会った男たち―」『日本民俗学』二三二号

大藤ゆき　一九六八　『児やらい』岩崎美術社

大林道子　一九八九　『助産婦の戦後』勁草書房

岡田照子　一九九八　「誕生と育児」『講座日本の民俗学6（時間の民俗）』雄山閣出版

恩賜財団母子愛育会編　一九七五　『日本産育習俗

資料集成』 第一法規出版
北橘村誌編纂委員会編 一九七五 『北橘村誌』 北橘村役場
群馬県教育委員会編 一九六二 『板倉町の民俗』 群馬県教育委員会
群馬県教育委員会編 一九六八 『北橘村の民俗』 群馬県教育委員会
群馬県教育委員会編 一九七〇 『桐生市梅田町の民俗』 群馬県教育委員会
群馬県教育委員会編 一九七一 『水上町の民俗』 群馬県教育委員会
厚生省医務局 一九五五 『医制八十年史』 厚生省
沢山美果子 一九九八 『出産と身体の近世』 勁草書房
新村 拓 一九九六 『出産と生殖観の歴史』 法政大学出版局
鈴木七美 一九九七 『出産の歴史人類学―産婆世界の解体から自然出産運動へ―』 新曜社
館林市教育委員会編 一九八一 『館林の民俗 あかばねの民俗』 館林市教育委員会
出口 顯 一九九九 『誕生のジェネオロジー―人工生殖と自然らしさ―』 世界思想社
西川麦子 一九九七 『ある近代産婆の物語―能登・竹島みいの語りより―』 桂書房
東日本部落解放研究所 一九九四 『込皆戸の歴史と生活』 東日本部落解放研究所
藤田真一 一九八八 『お産革命』 朝日新聞社（文庫）
安田宗生 一九九七 「明治期の産婆養成について―熊本県の新聞を中心として―」『史境』三五号
矢嶋千代子 二〇〇二 「上田地域の助産婦のあゆみ」『信濃』五四巻一一号
湯本敦子 二〇〇〇 「長野県における近代産婆の確立過程の研究」『信大史学』二五号
湯本敦子 二〇〇一 「長野県における巡回産婆の成立と普及」『信濃』五三巻七号
吉村典子 一九九二 『子どもを産む』 岩波書店（新書）

民俗研究と男性産婆

問題の所在

民俗は、世代を超えて継承される生活文化であるといわれている。(1) 生活文化には衣食住など人間の生命維持に関わるものや通過儀礼のような社会的事項も含まれる。これらは、いずれも人間が生きていくための基本的事象や行為である。そのような生活文化が世代を超えるためには、ある程度繰り返されることが必要になってくる。その繰り返しには、一日を単位とするもの、年中行事のように一年を単位とするもの、あるいは誕生から死までの人の一生の節目を単位とするもの、と大きく三つに分けられる。民俗にとって、繰り返され記憶されていくことが重要なものである。

しかし、ここで一つの疑問が浮かぶ。世代を超えて継承されたものだけが民俗であると限定してよいのだろうか。私はかつて長寿銭《ちょうじゅせん》の習俗を調べたことがある。これは長寿者の葬式において配られる祝い袋で、中に百円硬貨や五円硬貨が入っている。多くの人が古くから続く習俗だと思い込んでいるが、研究の結果、昭和三十年以降に始まった新しい習俗であり、まだ世代を超えるには至っていない〔板橋　一九九八　四四〕。長寿銭は現代の高齢社会を考える上で重要な事例であり、世代を超えていないから民俗学の研究対象にすべきでない、と言い切ってよいのだろうか。

民俗を研究する場合、民俗とは何か、伝承とは何かが問われるが、本稿では民俗や伝承について改めて考えてみることにする。社会の変動に対する関心から出発した民俗学は、私たちの日常生活の小さな疑問を解決する魅力あふれる学問であった。暮らしに根ざした慣習や観念などに注目し、いくつもの発見や驚きを与えてくれたが、その研究領域は固定化・形式化してしまった。

本稿では、一つの事例として男性産婆を取り上げ、民俗研究における伝承や記録資料(2)のあり方を考察する。私が男性産婆の調査を始めた当初、男性産婆というのはきわめて特殊な事例と認識していたが、事例が蓄積されるにつれ、助産は女性に限るという通念そのものを再検討する必要性も生じてきた。人びとの記憶の断片を拾い集めて男性産婆の姿を再構成する作業の中で、必然的に民俗とは何か、伝承とは何か、記録資料とは何かを考えることになったのである。

1　研究対象としての「民俗」

民俗の性格

戦後の高度経済成長期以降、地域社会は大きく変貌し、民俗学が主な調査・研究の対象としてきた地域社会も変容を余儀なくされ、伝承された民俗の多くが消滅・変化した。消滅した民俗は、当該社会で意味がなくなったものであり、残されて伝承される民俗も、変化しながら伝えられる場合が少なくない。私たちの眼前に存在する民俗は、長い歴史過程の中で改変や修正を加えられながら続いたものである。歴史の重層性を見るまでもなく、民俗も歴史の中で重層性を帯びながら複雑に形成された事象の一断面といえよう。

ここで、私たちの身近な生活文化の中から群馬県の事例を取り上げて、民俗の性格を考えることにする。まず田植《たう》えである。昔の田植えは、大勢の人が手伝いあい、田植え唄をうたい、労働のおやつに焼きまんじゅうを食べた。終わるとマンガ（馬鍬）を飾って祝ったものである。今では、田植え唄はせいぜい郷土民謡大会で聞くくらいであり、マンガアライ（馬鍬洗い）の言葉は残っていても実態はない。田植えに伴う水げんかもおおむね昔話になった。田植えの水引き競争も見られない。田の水まわりは徒歩でなく軽トラックに乗り、田の草取りは除草剤散布で済ませる。そして何よりも休耕田《きゅうこうでん》が目につく時代である。

このように田植え一つをとっても、過去の田植えの再現を試みたところで労働実感は伴わない。手植え時代の話を探り続けることにどれほどの意味があるのだろうか。単に調査項目に記されているから調べなくてはいけないのであろうか。もしもそうであるとすれば、民俗学は創立当初の理念や目的を忘れている。ここでは、田植え唄をうたいながらの田植えはなぜ消滅したのか、あるいは軽トラックになって水まわりはどのように変わったかを調査すべきであろう。なぜ馬鍬《まんが》洗いをやらないのかを考究すべきである。

次に年中行事と食文化である。年中行事の儀礼食も、現在ではその実施率はきわめて低い。正月に餅をつかない、食べないとするなどの正月家例《かれい》は、時代の変化と人びととの交流の結果、著しく画一化が進み、かつて稲作文化論再考に大きく寄与したソバ縁起《えんぎ》・冷や飯縁起などの餅なし正月の事例は形骸化し、単なるお話の世界になってしまった感がある。画一化とともに地域社会の解体や都市化により、個別化・多様化が著しく進んだ現代社会における民俗の存在意義を改めて考える必要があるだろう。

日常生活の中で繰り返してきた事象が現在、少数派になりつつある。私は平成十五年（二〇〇三）八月七日の七夕に館林市上三林《かみみばやし》・下《しも》三林地区を訪れた。ここは群馬県東部に顕著な七夕馬《たなばた》を飾る地帯であるが、カツモウマと呼ばれる七夕馬は館林市三野谷公民館の玄関先で見ただけであった。かつては各家で近藤沼のカツモ（マコモともいう）を刈って編んだものであったが、現在は生涯学習の一環として古老たちが公民館の呼びかけで作るだけになってしまった。これが果たして世代を超えて継承される生活文化と呼べるものであろうか。

また群馬県内では、最近まで葬式に饅頭《まんじゅう》を使用していたが、これは幕末から明治にかけて流行した習俗であった〔板橋　一九九五　六六〕。私たちが「古風な民俗」と認識する事象の中には意外と新しいものが混在しており、それらは「創られた伝統」の例ともなり得る〔E・ホブズボウム、T・レンジャー　一九九二〕。葬式饅頭は、葬式における贈答品の変遷を考える際に避けて通れない食品である。現在ではほとんど見られず、世代こそ超えていないが、民俗学が研究対象とすべき問題の一つであると考える。

いくつかの事例をエピソード風に紹介したが、ここで問題を整理すると、民俗は基本的には世代を超えて継承される生活文化をいうが、必ずしも世代を超える必要はない。もちろん、世代を超えてきたために民俗の多くは重層性を帯びている。そのために民俗は原初《げんしょ》のまま不変では存在していない。つまり民俗は常に変化しているのである。研究にあたってはそのことを念頭に置く必要があるといえる。

民俗学の研究対象

勝田至「歴史学と民俗学」は、民俗学と歴史学の関わりについて論じる中で、民俗研究のあり方を的確に述べている。すなわち、民俗学の研究対象は調査者が聞き書きする話者の記憶にある事象全体であるが、その対象はあらかじめ客観的に定まったものではない。民俗研究者が民俗学の研究対象となる伝承とか民俗と考えたものを調べるものであり、研究目的が調査対象の範囲を規定しているといえよう。そのために民俗学の目的や方法を放棄したならば、その時点でいままで民俗資料であったものがそうではなくなってしまうという〔勝田　一九九八　一四五〕。

勝田の考えをさらに敷衍《ふえん》したのが小松和彦である。民俗学の扱う過去は、絶えず現在との関係で把握するために見出されてきたとし、それは時代の流れとともに変動し中身が変わるものであった。にもかかわらず、民俗学の確立期にそれが固定化・形式化してしまったという。小松は、民俗とは固定したものではなく、民俗学者の「頭の中に」、あるいはその「眼差しの中」に存在するものだと述べる〔小松　二〇〇〇　一四～一五〕。

勝田や小松の言うとおり、民俗学はそもそも方法に規定される学問であったが、今では固定化・形式化された対象に規定される学問になってしまい、社会の環境変化に柔軟な対応ができない。それだけにとどまらず、研究領域として抱え込んだ対象が変質したり消滅している現状である。その現状に正面から取り組むことで、初期の民俗学が目指そうとした方向に向かうことが可能になるはずである。そのためにも現代の社会問題に深く関わろうとする姿勢が何よりも重要であろう。現代社会が抱えるさまざまな問題を認識しながら、一昔前《ひとむかし》はどうであったのか、それは連続しているのか、それとも非連続なのか、という疑問を明らかにしていくことが求められている。民俗学が近代化とともに生成したことを考えれば、常に現代社会を意識することが大切であり、近代と前近代との比較が重要であることが自明となる。

問題は、民俗学が戦後の『日本民俗学大系』全十三巻に象徴されるように、その研究領域と枠組みを固定化していったことであろう〔岩田　一九九八　二六一～二六二〕。研究領域の固定化は長く続き、高度経済成長期という社会変動の時期においても、その変化への対応はきわめて緩慢であった。昭和五十年代後半には都市民俗学が盛んになったが、これは民俗学の延命策だと批判されたように、必ずしも研究領域の固定化を打破しようとするものではなかった。近年は、都市民俗学が衰退し、代わりにフォークロリズムなど現代の視点から切り込むことで、直接には語りを生かしながら言説の心意に迫るといった、新たな民俗学を開拓する動きがみられる。

2 基本概念としての「伝承」

伝承の定義

伝承《でんしょう》は民俗学の基本概念である。しかし、この伝承について正面から論じられることはなかった。伝承は「伝達継承」の短縮語で、柳田国男の造語といわれる。柳田が「伝承」を使用した最初は大正三年（一九一四）で、福田芳之助の『神代の研究』の書評で使用され、また同年の論考「郷土の年代記と英雄」では、英雄伝説に関して「伝説伝承の経路が如何にも遡源しにくい」というように使われている〔平山　一九九二　二五〕。

平山和彦は「伝承を大まかに規定するなら、上位の世代から下位の世代に対して何らかの事柄を口頭または動作〔所作〕によって伝達し、下位の世代がそれを継承する行為だと考えられる」と定義した〔平山　一九九二　三二〕。平山は「伝承の理論的考察」の中で、伝承の概念を詳細に論じた。すなわち、伝承は反復される事柄で、慣習もまた同様に繰り返されるものであり、その意味でも伝承と慣習は類似しているという。柳田国男は、慣習と伝承を同義的に捉えていたが、平山によれば、伝承は慣習とは異なり、時間の拘束性が欠落しても成り立つという〔平山一九九二 四九～五〇〕。

ある生活文化の事実がある場合、世代を超えて伝えられたものに限って、それを「伝承」ということが多い。しかし、民俗は必ずしも世代を超えたものに限定しないとすれば、伝承も超世代という枠組みにこだわらなくてもよいのではないか。伝承には価値判断を伴うからである。伝承は一般に無意識に伝えられることが多いとされるが、実際には伝承は必ず何らかの価値判断がなされている。そうでなければ、伝承されないものが存在するはずはない。伝承される意義がなくなったから伝承されないのである。価値判断は意識的であったり無意識であったりする。その意味からも伝承のメカニズムを考察する必要があるといえよう。

なお、これに関連して酒井忠雄は「柳田学における『伝承』の意味」と題する論考で「伝承」について重要な指摘をした。酒井によれば、『日本民俗学大系』は「伝承の人間学的意味づけを見のがしている」とされ〔酒井 一九七五 九五〕、柳田学は日本文化の解明のために過去から今日だけでなく、今日から未来への伝承をも含めて問題にしてきたと主張した。そして「論理的にとらえることは（合理解釈、と何度いわれたことか）真の伝承ではないのである。受けるものが納得することこそ、真の受容であり、伝承である」と論じた〔酒井 一九七五 九六〕。

文化を伝える方法

私たちは文化を伝える手段として、身振り・手振り、表情などの動作をはじめ、声を出したり、文字に記録したりする方法を持っている。文化を伝える方法には、五感を使った身体感覚による記憶もある。知識の伝達には口頭による知識の伝達を「口承《こうしょう》」と呼び、文字を介した伝達を「書承《しょしょう》」と分けることがある。(3) 主婦から主婦へと伝えられる家庭のしきたりはもちろん、職人の口伝・秘伝なども「伝える」という範疇《はんちゅう》に入るものである。口伝えの伝承は、まったく同じには伝わらないという欠点がある。それに対し、文字は同一文化にあってはきわめて普遍性の高い伝達手段であるばかりか、書承は文字化されることによって時空を超え、内容が多くの人に伝わるという特色を持つ〔笹本　一九九八　七七〕。

かつて民俗学は、文字に記された資料を避ける傾向があった。実際、私が民俗学を学んだ昭和四十年代後半にも、民俗調査に出かけて庶民の声を聞いて記録にとどめる作業をする一方で、人びとの伝承こそが重要であり、文献に頼るべきではないと言われたものである。しかし、民俗学が民衆の文化を追究する学問であるならば、文化伝達の重要な手段の一つである文字を軽視することはできない。現在はむしろ積極的に書承を活用する方向が主流となっている。そのような中で笹本正治は、書承をどのように処理していくかが現代民俗学の課題であるという立場から次のような考えを提示した。

これまで民俗学が示してきた視点を堅持して、民俗学徒がしっかり史料を読めば、さまざまな民俗を明らかにすることができるはずであるし、またしなくてはならない。とくに日本の史料の量は膨大《ぼうだい》であり、その情報はとてつもなく大きい。これをじっくり利用しない手はないだろう。民俗学の先輩たちが示した書承への関心を、もう一度復活させる必要があると私は考える〔笹本　一九九八　八二〕。

民俗学の立場を明確にした上で、歴史資料を活用することによって民俗の歴史的世界を豊かにするという点では、福田アジオの思考と通底するものがある〔福田　一九八四　二五八〕。また、笹本が述べる「民俗学の先輩たち」とは、柳田国男以下の研究者を指すと考えられる。柳田は膨大な文献を読み込んできたが、その弟子たちは文献を極力排除し、伝承を重視する傾向にあったことはよく知られている。

3　民俗調査における聞き書きと記憶

民俗調査と聞き書き

近年の民俗調査では、話者たちの記憶が曖昧《あいまい》になっており、内容の確認に手間取ることが少なくない。まるで昨日のことのように細部まで覚えている場合もあるが、それは自分が深く関わった事柄であることが多い。どうでもよいことは忘れてしまうのかも知れない。年中行事なども、それをていねいに行ってきた老人がいなくなると、簡略化あるいは消滅化の傾向にある。内容を説明できなくなった儀礼や行事が多くなっているのが現状であり、なぜこの行事を行っているのか意外と分からないものである。その疑問を明らかにするのが民俗学の役割の一つであった。

しかし、現在の民俗学はその役割を十分に果たしていないのである。実は民俗学そのものが社会変化に対応できず、問題意識を見失うところに来ており、「断末魔の民俗学」「落日の中の日本民俗学」などと揶揄《やゆ》されているのである。(4) その大きな原因は、民俗の伝承母体である地域社会が高度経済成長期に大きく変貌したことであろう。高度経済成長期は、過去を振り返ることよりも消費が美徳と言われた時代であった。伝えてきた行事や儀礼を継承する人が年々減少していく中で、人びとは伝統的な民俗を古くさいものと決めつけて排除する傾向が顕著であった。

民俗調査における聞き書きは観察を前提としておらず、生活する人びとの身振りやしぐさまで観察の眼が及ばないことが少なくない。聞き書きは調査地に赴いて、いかにも現地に即したかのような感覚で行われるが、おおむね事前に決められた調査項目があり、それにもとづいて進められるのが実態である。それだからこそ、全国どこでも同じような内容を聞き出すことに終始し、その地域の特性や話者の特殊な事情などは捨象《しゃしょう》されてしまうのである。聞き書きはあくまでも手段であるが、ときにはこの行為がすべてということもある。

高桑守史は「民俗調査と体碑―伝承の一側面―」という論文で、「場に立ってものを考える」ことの意義について、平野の農村で身につけた地理的距離が社会的距離の遠近に比例するという考え方を先入観のように持つ感覚を反省しながら、そこで生活している人びとの視野構造の中でものをながめ、理解することが必要であると指摘している。それは彼自身の言葉を借りれば、「伝承や民俗が発生し継承される過程で、生活の場にかかわる環境要因が大きく影響を与えていると考えられる」からである。高桑は、現代の民俗学が、場に立って、ものを考えるという姿勢を喪失してしまっているのではないかと警鐘を鳴らすだけでなく、民俗学者がいま一度、伝承と伝承主体（伝承行為者）について観察しながら深く考えることの意義を述べている〔高桑一九九八　二一八～二一九〕。

従来の民俗学は、過去の復元を目指してきたので、当然のことながら聞き書きは古層を探ることに主眼が置かれていた。現実にはさまざまな問題が生起しているにもかかわらず、そのことを無視して古層へ向かわせたのは、現代学を標榜《ひょうぼう》する民俗学の考え方と矛盾していた。伝承者の話を聞きながら現在に目を向ける姿勢を持つことで、民俗学は変わることができるはずである。

柳田は伝承のあり方を「口碑《こうひ》」「体碑《たいひ》」「心碑《しんぴ》」の三つに分けた。口碑は口に属して耳で管理されるもの、体碑は目で見るもの、すなわち手足の働きによるもの、心碑は直接心に感ずるものを指している。後に『郷土生活の研究法』(5)で示した民俗の三部分類の言語芸術・有形文化・心意現象とおおむね重なるものである。高桑も指摘するように、今後は体碑に注目してゆくことが重要であるといえよう。

ところで、聞き書きの対象者がいないときはどうすればよいか。対象者が故人であったり、調べる対象が一時代前のことである場合には、伝聞も貴重な資料になるし、文字に記録されたり石に刻まれた事柄から歴史世界を構成してゆくという方法もある。古文書・古記録のない村落に歴史はないということにはならない。古文書・古記録がないときには、土地に刻まれた歴史はもちろん、言い伝えや伝説がより一層大切になる。本稿で取り上げる男性産婆は、対象者が故人であり、伝聞と記録資料だけが考察の素材である。

聞き書きと記憶

民俗学は、その資料の多くを聞き書き（聞き取り・採訪）という方法によって得てきた。聞き書きの方法は研究者によって微妙に異なり、その成果は、同じ伝承者から聞き出したことであっても正反対になることがある。その意味では、聞き書きという方法は、必ずしも客観性の高いものではない。質問のしかたで伝承者の回答が微妙に変わることもあり、ときには聞き書きに携《たずさ》わる私たちがその伝承者の語る記憶に振りまわされることもある。記憶は常に一定しておらず、状況に応じて蘇《よみがえ》り、状況に応じて思い出せないことがある。

聞き書きの醍醐味《だいごみ》は、自分の体験したことのない生活や事件を話者がていねいに説明してくれ、ときには自分がまるでその場に居合わせたような錯覚に陥ることであろう。伝承者と呼ばれる人の話は楽しい。特に若いころの記憶は鮮明である。香月洋一郎は、若い時期の記憶ほどしっかりと語る古老が多いのは、自己の体験を反芻《はんすう》・選択し組み立てるに十分な時間が存在したからであるという。もちろん記憶はありのままではなく、自己にとって切実であり必要なことが選ばれて語り継がれるのである。人の一生を通しての記憶の重層はそのような構造になっているのであり、「聞き取りとは生身の人間が生身の人間に対応する場であり、話し手と聞き手とで織りあげていくなんとも得体のしれぬ記録の作成作業」であると述べている〔香月　二〇〇〇　一六〜一七〕。

さて、個人が日常経験する事柄は、数日もすると曖昧な部分が多くなる。一昨日の夕食に何を食べたかなど、記憶する意志のない事柄はなおさらである。腹痛を起こしたとか食事中に地震があったなど、事件と一緒であれば記憶されているかも知れないが、一般的には忘れてしまうものである。一方、戦争や大事件などは同時に多くの人が共有した体験であるから長く記憶される。記念碑などの記憶装置によって、戦争や大事件を昨日のように記憶し続けることもあるだろう。もちろん、戦争や大事件の記憶は、その関わり方によって一人ひとりの見方や考え方が微妙に異なることは言うまでもない。

ジャック・ル・ゴフは『歴史と記憶』で、「記憶とは、何らかの情報の貯蔵庫」であると述べている〔ジャック・ル・ゴフ　一九九九　九一〕。地域社会で生起した大事件の歴史は、どのように世代を超えて継承されるのか。これは、語られる歴史に意味があり、語られない歴史には意味がないということではない。語られる歴史には語られる意味があり、語られない歴史は語られるための意味を失ったか、それ自体が語られることを拒否したり、忘れようとしたりしているのかも知れないのである。あるいは人びとが、それを語ることに何ら価値を見出していないであろう。

柳田国男は『山村生活の研究』の「村の大事件」において「土地々々で記憶させられて居る大きな出来事に就て村人の語つたのは、所謂天災事変と人為的要因に依るものとの差はあるが、多くは不幸なる出来事であつて、喜ばしき出来事といふのは真に乏しい」と述べている〔柳田編

一九三八　一二〕。多くの場合、不幸な大事件は決して喜ばしいものではないが、人びとはそれを記憶に留めておこうとしたのである。

民俗学が対象とする民俗は、世代を超えるかどうかは別としても、日常生活における繰り返し性の高い事象であり、繰り返すことで記憶するという性格のものである。したがって、繰り返す意義がなくなったときは、すなわち記憶を失うときである。記憶の風化を防ぐ記憶装置が碑文《ひぶん》などの文字資料である。研究分析にあたってはこれらを大いに活用すべきであることは言うまでもない。

4　男性産婆に関する伝承と記録資料

男性産婆の調査から

私は、男性産婆を追い求める過程で伝承と記録資料について考えることになった。いままで取り上げられることのなかった男性産婆に行き着くことができたのは、民俗調査では予断を許さない姿勢を常に意識してきたことが効を奏したのであろうか。男性産婆に行き着くまでの経緯は次のようなものであった。

吾妻郡東吾妻町大柏木《おおかしわぎ》で産婆経験者に聞き書きする機会(6)があり、その調査内容の一部を「産婆の生活と機能—『いのち』の保護の視点から—」という論考にまとめた〔板橋　二〇〇〇〕。それを読んでくれた長野県の斎藤洋一から群馬県における男性産婆の存在を示唆されたのである。

さっそく勢多郡粕川村（現前橋市）へ聞き書きに訪れた。この地で助産術を施していたという中谷金造は既に亡くなっていたので、孫の中谷昇（昭和四年生まれ）から聞き書きすることにした。昇の記録類は、家の建て替えもあって残っておらず、唯一位牌があるだけという状況であった。昇の両親が昭和十年代に「頼まれても行かないほうがいいよ。法律が変わったんだから、捕まっちゃうよ」という話をしていたが、中気で半身不随になってからも頼む人がいて、リヤカーを牽《ひ》いて迎えに来たという。そして、取り上げられた赤子には、金造の「金」の字をもらって名付ける例が少なくなかった。

　トリアゲジイサンこと中谷金造は、昭和十七年（一九四二）に亡くなっており、具体的な助産内容は聞くことができなかった。しかも取り上げてもらった女性に会う機会を得なかったので、どのような出産であったのか聞くこともできなかった。トリアゲジイサンの存在は伝聞の域を出ず、聞き書きという点からは時期的に限界にあったといえる。

　また、同時期に新潟県南魚沼郡湯沢町土樽の通称ゴロウジサ(7)と呼ばれたトリアゲジサを知った。その経緯は拙稿「トリアゲジサの伝承―出産に立ち会った男たち―」で詳述しているので、ここではごく簡単に触れる〔板橋　二〇〇二　三五～五〇〕（前章）。先行研究として高橋郁子が『湯沢町史編さん室だより』七号の「人の一生・出産にまつわる話」で男性産婆に言及し、トリアゲジサと呼ばれた男性が土樽村中の子どもたちを取り上げていたと報告している〔高橋　一九九九〕。私が聞き書きを進めていくと、実際にその通りであった。ゴロウジサこと原沢政一郎は、明治十八年（一八八五）に生まれ、昭和四十四年（一九六九）に亡くなっている。同じ村に助産婦がやってきたのをきっかけに助産をやめようとするが、上手なので需要があり、昭和二十九年（一九五四）まで赤子を取り上げた。

新潟県のゴロウジサの場合は、平成十四年の調査時点では子を取り上げてもらった女性たちが健在であった。大正二年（一九一三）生まれから大正十三年（一九二四）生まれまでの女性七人に話をうかがった。サンプル数としては決して十分ではないが、この年齢の女性を探すのは実際には困難であった。大正十三年生まれの女性は、複数回の出産のうち途中から資格のある助産婦に頼んでおり、昭和二十二、三年ころがちょうど過渡期にあたることが分かった。

ゴロウジサの母も取り上げが上手で、その母の実家は代々助産術に長けていたという。ゴロウジサの孫にあたる原沢健（昭和十八年生まれ）からゴロウジサは手帳を付けていたという話を聞き、無理を言って何度か蔵を探していただいたが見つからなかった。しかし、ゴロウジサが使っていた注射器などの医療器具とまじないの書写本《しょしゃ》が出てきた。近代医療は資格がないと施療《せりょう》できないといわれているが、実際に無資格のゴロウジサが使っていたと考えられる医療器具の存在を知ると、どの程度まで徹底されていたのか疑問に思うのである。まじない本が存在しているのも民俗学的に興味深い。

これら二つの事例をもとに、私は日本民俗学会の会誌『日本民俗学』の「出産と生命」特集への論考をまとめることにした。その執筆時には、この二人の男性産婆の事例はきわめて特殊かも知れないと思いながら「群馬県粕川村込皆戸のトリアゲジイサンと新潟県湯沢町土樽のゴロウジサの二人の男性産婆存在は事実である。全国にこのような助産術に長けた人がどれほどいたのか見当がつかない。探せば少なからず存在しているかも知れない」と書いておいた。

ところが校正時に、群馬県内の他地域で男性産婆の事例を知ったのである。最初の原稿では「探せば少なからず存在しているかも知れない」という憶測風の記述であったのを急きょ改め、「これは決して特殊な事例ではなく、探せばゴロウジサのような人物は少なからず存在している」とし、さらに続けて「今までそのことに目が向かなかっただけかもしれない。先入観と創られた常識の怖さを知るとともに、予断を許さない調査・研究の大切さを改めて知る」という文章を付け足すことになった〔板橋　二〇〇二　四七～四八〕。

実は、執筆時には男性産婆の事例追加はきわめて困難であると思っていた。たまたま館林市教育委員会編『あかばねの民俗』を検索しているときに男性産婆の記述を発見した。「松本伊三郎というトリアゲの上手なジイサンがいて、昭和二年ごろまで盛んにトリアゲをしていた」というだけのわずかな記述である〔館林市教育委員会編　一九八一　九七〕。その記事を見たときは飛び上がるほど驚いたことを記憶している。これをきっかけに県内の民俗調査報告書を総点検する方針に切り替えたのである。その結果、群馬県勢多郡北橘村〔現渋川市〕に男性産婆が存在した事実が『北橘村の民俗』の検索から判明した〔群馬県教育委員会編　一九六八　一五九～一六〇〕。そこには写真まで載って報告されていた。また、『桐生市梅田町の民俗』にも、男性産婆らしき記述を見つけたのである〔群馬県教育委員会編　一九七〇　一四五〕。

渋川市北橘町箱田のトリアゲジイサンこと戸部忠作は、明治十二年（一八七九）に生まれ、昭和二十六年（一九五一）に没している。孫の戸部和江〔昭和四年生まれ〕によると、忠作の母はトリアゲバアサンであった。忠作は赤子を取り上げて、へその緒《お》も切ったりしただけでなく、取り上げた後の湯浴びせもやったという。忠作の助産技術を知る人は大正初年生まれの女性となり、聞き書きは大変困難であった。彼女たちは自分がどのような体位で産んだかもしっかりと覚えていないのである。エピソードもほとんど聞き取れない状態で、話者の高齢化による聞き書きの限界を感じたものであった。

一方、館林市のコトリドンこと松本伊三郎に関しては、万延元年（一八六〇）生まれで昭和十一年（一九三六）に没しているにもかかわらず聞き書きは豊富にとれた。もちろん見た人もいるし、伝聞も比較的豊富であった。周辺地区の民俗調査でコトリドンのことは聞かれないから、きわめてローカルな範囲での助産といえよう。産婦の出産時に取り上げる人がいなかったので偶然に彼が取り上げたというエピソードは興味深い。松本伊三郎は豚の子取りも上手であったことが語られているが、この伝承もあえて記録化することにした〔板橋　二〇〇三　三九〜四一〕。

群馬県内の男性産婆の事例を通して、いずれの地方でも男性産婆に対する違和感はさほどなかったらしいことが分かった。調査でお邪魔した家では、話者の家族が、自分の住む近所にかつて男性産婆がいたことを知り大変驚く例が多かった。以上のような調査結果から私は次のような結論を出すに至ったのである。

男性が出産に関わったのは決して特殊な事例ではない。むしろ男性の出産介助者を特殊なものと認識するようにしたのは、近代産婆制度確立の結果と言える。つまり出産介助者は女性に限るという伝統は、さほど古いものではないと推測されるのである〔板橋　二〇〇三　四六〕。

伍助ジイサンに関する記録資料

ここでは、渋川市北橋町上箱田の「伍助ジイサン」と呼ばれた男性産婆を取り上げ、その調査過程で体験した具体的な伝承と記録資料の関係を述べてみたい。伍助ジイサンこと石田伍助の生前を直接知る人は一人もいない。資料は伝聞に限られ、それもわずかしか採集できなかったが、幸いにも顕彰碑があり、有益なデータを得ることができた。次に『北橋村の民俗』に報告された事例を紹介する。

「上箱田の石田五助さんは男でトリアゲの名人で、たくさんの子供をとりあげたので石碑がたっている。（上南室）」〔群馬県教育委員会編　一九六八　一五九〕

「伍助じいさんは名の通り男だが、お産にかけてはなかなかの名医で、村うちはもちろんのこと、富士見や西の方にも頼まれて出かけ、とり上げた子どもは二百人に近かったという。技術がすぐれていただけでなく人格もすぐれていたといわれ、伍助じいさん（お産婆さんとよんだ）がなくなるとお世話になった人たちがりっぱなお産婆さんのために寄合って石塔をたてて供養した。戒名には「伍嶽助産居士」とあり、台石には寄進者の名が並んで壮観である。（上箱田）」〔群馬県教育委員会編　一九六八　一六〇〕

上箱田の石田伍助を記憶する人はきわめて少ない。伍助は『北橋村の民俗』に報告され、その報告書に拠った『北橋村誌』には「上箱田には石田五助《ママ》という男の産婆が有名で、この人のとりあげた数は非常に多いという。この人の改名《ママ》は「伍嶽助産居士」である」とだけ書かれている

〔北橋村誌編纂委員会編　一九七五　一〇〇七～一〇〇八〕。『北橋村の民俗』は、今井善一郎（一九〇九～一九七六）が概観を執筆しているが、「通過儀礼、人の一生の問題については妊娠、出産、育児等の問題に格別の習慣は見られない」と述べるだけで、産育についてほとんど言及していない。一人の研究者が全分野を網羅すること自体に無理があるのだが、それにしても今井は助産術に長けた石田伍助に関心を寄せていないようであるし、同村在住の都丸《とまる》十九一《とくいち》（一九一七～二〇〇〇）も男性産婆を取り上げていない。男性産婆の存在は群馬県民俗学界を代表する二人に見過ごされてしまったと言える(8)。

伍助の助産における功徳を讃えた大きな墓石状の顕彰碑は、上箱田五七八番地石田千春家のすぐ南の杉木立の中にある。初めての調査は大雪の降った翌日で、寒さに凍えながら碑文を読み進んだが、苔《こけ》むしていただけでなく、指先がかじかんでしまい全部を解読できなかった。再度調査に訪れたときも大雪の翌日であった。冷たい北風の中ようやく読み終わり、自宅に戻りワープロで打ち出したものについて解読の誤りがないか、三度目の訪問で確認作業をした（資料参照）。

顕彰碑は高さ二二二・五センチメートルで、台石正面には「産子中」と記され、塔身正面には「（家紋）伍嶽助産居士」、塔身左面には「通称石田伍助、上箱田人也、嗣曰万作既継家、伍助齢六十六、今猶矍鑠壮者、嘗受産術於真壁邨文婆、以施人乞其術平産者百有余人、父兄及産子徒相謀り合資、建碑以伝于後云　明治四十三季十月　茂木詢書」と刻まれる。そして塔身裏面に「あなうれし　あなうれしきや　いし文に　栄誉のこれる　しるしなりせは」と歌が刻まれている。この短歌は、伍助が顕彰碑建立を喜んで詠《よ》んだものであろう。歌のすぐ下に伍助と思われる着物

写真・上右／伍助ジイサンの顕彰碑
（群馬県渋川市北橘町上箱田）渋川市指定重要文化財
同・上左／歌と人物線刻画（顕彰碑裏面）
同・下右／伍助ジイサンの位牌（表）
同・写真／同（裏）

姿の人物線刻がある。

台石には、発起人九人、合資者として当所八〇人、台石下に当所二七人、山口一〇人、長井小川田一人、滝沢一人、三原田一人、田島二人、中箱田三人、真壁三人、米野二人、漆久保一人、上南室三人、一ノ木場三人、特別合資者六人、の合計一五二人の名が刻まれている。石工は赤城村棚下（現渋川市）の内海亀吉である。伍作に取り上げてもらった「産子」は北橘村だけでなく、富士見村や赤城村（現渋川市）に及ぶことが顕彰碑に刻まれた地名から分かる。

碑文中に「嘗受産術於真壁邨文婆」とあり、伍助は助産術を真壁村の「文婆」から学んだことが知られる。「文婆」の人となりは、現在のところ不明である。この人はトリアゲバアサンと考えられ、伍助の助産術はトリアゲバアサンの系譜を引いたものと推察される。

なお、直系の子孫にあたる石田祐一家には「聖道院智釼医光居士」と刻まれた位牌があり、この人物は明治三十五年（一九〇二）四月二十八日に没している。「善蔵こと善之丞」とあるが、伍助の父に当たると考えられる。戒名に「医」の字が見えるところから、医術に長じていた人らしい。祐一の母マツによれば、嫁ぎ先の石田家には引き出しがたくさんある茶簞笥《ちゃだんす》に薬草が入っていて、薬研《やげん》で家庭薬を調合していたという。

【資料】　石田伍助顕彰碑（渋川市指定重要文化財）

所在地　渋川市北橘町上箱田（石田千春家すぐ南）
所有者　石田祐一氏（勢多郡北橘村上箱田一一八二－一四）
高　さ　全高二二二・五センチメートル

※銘文は原則として常用漢字に翻字した。

（塔身正面）〈家紋＝丸にモッチョウジ〉伍嶽助産居士

（塔身左面）通称石田伍助、上箱田人也、嗣曰万作既継家、伍助齢六十六、今猶矍鑠壮者、嘗受産術於真壁邨文婆、以施人乞其術平産者百有余人、父兄及産子徒相謀り合資、建碑以伝于後云　明治四十三季十月　茂木詢書

（塔身裏面）あなられし　あなられしきや　いし文に　栄誉のこれる　しるしなりせは　〈人物線刻〉

（台石正面）
産子中
（台石左面）
発起人
石田与茂造
同　伊八
同　春次郎
萩原伊三郎
同　亀吉
森田　健八
和田　利助
石田　源吉
石田　藤丸
合資者当所
石田　嗣雄
同　まつの
同　みね
同　平吉
萩原　覚光
同　兼吉
森田　四郎
（台石裏面）
和田　由平
石田　定作
木嶌　げん
石田　親義
森田　仲七
同　綱五郎
同　おます
同　林平
同　泰雄
同　広助
同　吉太郎
同　亀貞
同　あさ
木嶋　きわ
同　たい
石田とう子
樋口　はる
同　たけ
森田　つま
同　志ん
（台石右面）
町田　良作
同　嘉伝次
富永きちじ
木島長十郎
同　宇吉
下田明治丸
同　徳治
同　源滝
同　一市
森田　もと
同　だい
同　久吉
同　きん
同　ひで
同　みね
同　よ志の
同　いゑ
甼（町）田友吉
岡田菊太郎
（下の台石正面）
石田
（下の台石左面）
当所
和田　きく
佐藤　好雄
石田　弥平
同　保雄
同　国義
同　くら
同　さよ
森田　常三
同　繁一
同　三代吉
同　勘治郎
石田はる子
同　かね
同　せき
狩野松三郎
森田　あき

森田　ぎん
同　かね
石田　まさ
森田　ひさ
同　けん
同　歌治郎
同　福松
同　ふぢ子
同　秋松
萩原　徳治
山口
伊藤　りき

（下の台石裏面）

椛沢　たき
ムラ
下田生三郎
同　重平
萩原　保寿
同　清三
同　はる
同　とよ

同　義雄
石田　徳丸
長井小川田
石田たつの
滝沢
諸田　嘉七
三原田
星野　森尾
田島
津久井ちよ
多賀谷志登
山口
椛沢　吉平
同　泰雄
同　本雄
同　ろく
同　とう
同　明治
加藤　定治
岩野　よ志
中箱田
松井　もと

［欠損（一行分）］

（下の台石右面）

笛木［欠損］
真壁
奈良　志め
都丸　みと
同　太郎吉
米野
大友　ヤス
狩野茂三郎
漆久保
奈良　けい
上南室
町田　光嘉
同　ひで子
楯　元親
一ノ木場
椛沢　庄作
同　かの
藤井　よね
特別合資者

森田栄三郎
富永苫五郎
森　春二
森田磯五郎
石田　佐平
渡辺　萬治
棚下
内海　亀吉刻

村人の記憶に生きる伍助ジイサン

「上箱田の石田五助さんは男でトリアゲの名人で、たくさんの子供をとりあげたので石碑がたっている。（上南室）」と報告された〔群馬県教育委員会編　一九六八　一五九〕、取り上げ名人の石田伍助なる人物を直接知る人は既にいない。明治四十三年（一九一〇）、伍助の助産に関する功徳を讃えた顕彰碑に「通称石田伍助、上箱田人也」と刻まれているように、伍助は通称で、本名を「万造」という。弘化二年（一八四五）五月二十八日に生まれ、大正九年（一九二〇）五月九日に没した。享年七十六歳であった。万造と妻阿さの長男が万作で、万作の妻ともは利根郡昭和村川額から嫁いできた。

伍助の家は何度か転居し、子孫は現在、上箱田に居を構えている。直系は上箱田で酪農を営む石田祐一（昭和三十三年生まれ）である。石田伍助の家系は、伍助（妻阿さ）―万作（妻とも）―梶丸（妻志げ）―章治（妻マツ）―祐一と続く。祐一にとって伍助は四代前の人であり、伍助のことは男性の産婆であったと聞いているだけであるという。

祐一の母マツ（昭和八年生まれ）は、勢多郡富士見村（現前橋市）から昭和三十二年に嫁いできたが、姑の志げから伍助のことを聞かされた。それによると、ともは伍助に助産術を習ったという。嫁に来たばかりのマツは「上箱田のお産婆さんちの嫁」と呼ばれた。志げは、ともから薬草を薬研で粉にする仕事を手伝わされた。ともは「今日は少し体調が悪い」というときも、お産の話が来るとすぐに出かけた。残された嫁の志げは、双子の男の子がいたこともあり家事育児でいつも忙しくしていた。

上箱田の石田欣次郎（大正五年生まれ）は、伍助に直接会ったことはないが、近所に住み、伍助の孫と同級生だったので伍助のことを伝え聞いている。欣次郎によると、顕彰碑が建つ場所は三反田という地名で、窪地になっている。伍助の家はその窪地に建っていたが、伍助の死後に転居している。伍助は取り上げが上手で、そのために顕彰碑が建てられた。取り上げたお礼として思《おぼ》し召《め》し程度の酒や米をもらった。伍助の息子の嫁である「とも」も助産をよくし、彼女は伍助没後も赤子を取り上げたという。

上箱田の石田イセ（大正十二年生まれ）は、伍助の後継者のともに赤子を取り上げてもらった。高齢で杖をついてやって来たのを覚えている。四人の子どものうち長女（昭和二十一年生まれ）と次女（昭和二十四年生まれ）は、ともに取り上げてもらった。布団を丸めてそれにかぶさるような姿勢で産んだ。腹部を強く押し後産を押し出すような方法だったが、腰をしっかり持ってくれるので楽だったという。また、出産後にアトバラ（後腹）が痛いとき、ともは調合した薬草を持ってきてくれたが、その薬草はよく効いた。

『北橘村の民俗』では「伍助」と「伍作」が併用されているが、顕彰碑には「伍助」の名が刻まれている。『北橘村の民俗』には「なくなるとお世話になった人たちがりっぱなお産婆さんのために寄合って石塔をたてて供養した」と死後に供養塔が建てられたように記されているが〔群馬県教育委員会編　一九六八　一六〇〕、これは誤りで、碑文をきちんと読めば、顕彰碑は生前に建てられたことが分かる。このことは聞き書きに多くを頼ろうとする民俗学の弱点を端的に表している。眼前の信頼性高い記録資料にさえ注目しない傾向があるのである。それではせっかくの貴重な資料が埋もれてしまう。

ところで、伍助はなぜ通称を使用したのであろうか。碑には「伍嶽助産居士」とあり、「伍助」と「助産」が巧みに取り込まれている。「嶽」はタケで高い嶺《みね》を意味し、助産術という一つの分野を極めたことを示すものであろうか。また、御嶽信仰と関係はないだろうか。伍助の本名は「万造」である。その子が「万作」であることから、代々「万」の一字を使用することにしていたらしい。しかし「マン」では女性器を連想させ、男性産婆が「万さん」では妙な感じがしたのだろうか。そのために伍助と通称したとも考えられる。

また、台石には「産子中」とある。取り上げてもらった子どもたちが「産子《うぶこ》」であるが、当時そのような言葉が一般にあったかどうかは不明である。それはともかくこの言葉は、「筆子中」を彷彿《ほうふつ》とさせるものである。赤城山南麓は寺子屋師匠の功徳を記念して筆子が建立した筆子塚の多い地域である。そこに書かれる言葉が「筆子中」である。この「産子中」は、筆子塚を建ててきた系譜に位置づけて考えるものであろう。

5　記録された各地の男性産婆たち

拙稿「赤子を取り上げた男たち—群馬県における男性産婆の存在形態—」（前章）の「まとめと課題」において、「男性産婆のことが警察の取り締まり記録や当時の新聞などに記録されていないだろうか。今後は、この点にも注意を払っていきたい」と書いたところ、さっそく宮城県仙台市在住の民俗研究者鈴木由利子から、明治三十六年（一九〇三）四月七日付の「河北新報」のコピーが送られてきた。それは新潟県の男性産婆に関する記事であった。予測していたとはいえ、「本当にあった」というのが偽らざる気持ちであった。次にその記事全文を紹介してみよう。

男の産婆　産婆規則第一条に依れば、産婆試験に合格し年齢二十歳以上の女子にして産婆名簿に登録したものにあらざれば産婆の業を営むことを得ずとあれば、産婆は必ず女子ならざるべからざるに、何処を何うして間違つたものやら、新潟県古志郡内に男の産爺（さんぢゞ）が二人あり、一人は西谷村大字木山沢石原与蔵（六十六）、今一人は東谷村大字栃尾荒木八兵衛（六十九）とて梅干爺なるが、二人とも立派に産婆名簿に登録しありて、是まで何年となく妊婦を取扱ひ居りしを、此程に至り警察部に於て、図らずも此両人の名前が係官の眼に触れ、之は奇体と古志郡役所に男女の区別取調方を照会されたり〔河北新報　一九〇三〕

この記事が載っているのは「諸国珍談」とタイトルが付けられたコーナーで、このほかにも三面記事のような内容が続く。当時も話題になったニュースだったと思われる。「是まで何年となく妊婦を取扱ひ居り」という男性産婆（ここでは「産爺」）が産婆規則制定後の産婆名簿の中にも存在していたことを示唆するこの記事は、各地の産婆名簿の確認作業が残された課題であることを示している。

男性産婆に関心を持ち、きちんと論じたのは、管見《かんけん》では木村博が最初である。木村は「奇習レポート男の産婆」というレポートを『民間伝承』に投稿した〔木村　一九七二〕。しかし、このときは民俗学界から何の反応もなく、木村は妙な論考を書いてしまったという趣旨のことを私への私信で述べていた。

木村によれば、山形県西置賜郡の『長井村郷土誌』には、助産はボサマと呼ばれる失明した男性が行うもので、産婦に羞恥心を抱かせないためと記されているという。木村はさらに山形県上山市中山、上山市竜沢、長井市宮の田端、西置賜《にしおきたま》郡荒砥《あらと》東町における男性産婆の事例を紹介している。特に中山のボサマは、米沢の太宰医者から技術を習得したと伝える。この太宰医者は米沢では有名な産科医で、ボサマはカギを使って赤子を引き出していたという。さらに興味深いのは、いずれの村にも女性のトリアゲバアサンがいるが、ボサマの助産とは競合していなかった。ということは、羞恥心を抱かせないために盲目のボサマが助産を行うという説明が簡単に破綻《はたん》することになる。これについては木村も気づいており、次のような考察をしている。

出産に当って産婦もボサマが盲目なるが故に「羞恥感を与えないで心を落着けて」手当が受けられたというのは、「男の産婆」を意識しすぎた解説であろう。男であることの必要は更になかったのである。それよりもむしろ平常から「もみ療治」や「鍼」「灸」といった一種の医療行為を業としていたために、恰かも専門医にでもかかる如き心境だったのではないだろうか。〔木村　一九七一　四二〕

羞恥心の問題云々というのは、どちらかと言えば近代的な解釈である。盲目だから見えないという事実はあっても、盲目の人が助産にたずさわるのは男性に対する羞恥心の問題であるかどうかは分からない。いずれにせよ男性産婆は単なる変わった話ではなく、近代出産文化史にきちんと位置づけるべき事項の一つであろう。

まとめと課題

男性産婆の具体的な事例をもとに、伝承・記憶・記録資料について考えてきた。民俗を、従来のように世代を超えて継承されてきたものと定義すると、あまりに硬直化してしまう。世代を超えないで消滅したり変形してしまう数多くの事例の扱いをどうするかということも問題になる。民俗の定義は、もう少し緩《ゆる》やかにしておく必要がある。そこで「民俗とは生活文化を構成する現代の生きた事象」と定義しておくことにする。あくまでも現在に生きている事象という点が重要であろう。世代を超えることは付帯的なことであるかも知れない。

民俗学は、そもそも方法に規定される学問であったが、固定化・形式化した対象に規定され、社会の環境変化に柔軟な対応ができず、研究領域として抱え込んだ対象が変質したり消滅しているのを座視しているのが現状である。民俗学にとっては、現代の社会問題に深く関わる姿勢が何

より も重要であり、現代社会が抱える問題を認識しながら、一昔前はどうであったか、それは連続しているのか、それとも非連続なのか、という疑問を明らかにしていくことが求められている。民俗学が近代化とともに生成したことを考えれば、常に現代を意識することが大切であり、近代と前近代との比較が重要なのである。

現在、男性産婆は存在しない。しかし、かつて存在した男性産婆に子どもを取り上げてもらった女性は八十歳を超え、取り上げてもらった子どもたちも健在である。継続・継承という観点からはまさに現在につながっているのである。しかし、聞き書きは限界に達しており、高齢の話者たちが亡くなれば伝承が希薄になることは間違いない。記憶の風化も著しいものがある。石田伍助のように顕彰碑が建てられた場合には、その碑文が語り継ぐ機能を有するが、それ以外の場合は忘れ去られてしまう。

偶然に民俗調査の網にかかった場合は、民俗調査報告書に男性産婆の名前とその業績が残されることになる。それでも『北橘村の民俗』のように間違って記述されることもあり、記述内容は必ずしも十分とは言えない。それは問題意識の有無にもよるし、それをテーマとした研究であるかどうかにも関わる。わずかであっても記録されていれば、訪ねる場合の手がかりにはなるが、桐生市梅田町の事例のようにわずかな手がかりをもとに調査しても男性産婆に行き当たらないこともある〔板橋　二〇〇三　四二〕。

ところで、現代における男性助産師誕生は、さまざまな問題を抱えているが、少なくとも男性産婆の民俗を調査してきた立場からは、助産を女性だけの職域にしておくことは許されないと考える。過去の男性産婆の役割などに学ぶべきことが多いのである。しかし、男性産婆の存在形態は明らかになったものの、羞恥心の問題や男性であることの問題点を検討するだけの情報を得ることは困難になっている。男性産婆はいつまで活躍していたのか、その分布はどのような範囲なのか、地域の人たちにどのように認識されていたのか、ということは今後の民俗調査で明らかにすることができるだろう。

話者の記憶が曖昧であることは、民俗調査においてしばしば体験することである。男性産婆の聞き書きでは、自分自身の出産であっても具体的にどのような状態であったのかを覚えていない場合が多かった。これは単に記憶の風化によるものかも知れない。しかも話してくれた女性たちの多くは数多くの出産を経験しているため個別の記憶は曖昧になりがちである。

そのような状況での調査であるため、男性産婆の姿がうまく再構成されたとは言い難いが、男性産婆が各地で女性に混じって活躍している姿を彷彿とさせるに足る結果が出たのではないだろうか。男性産婆はトリアゲが上手で、村人から大いに尊敬を受けていたことが分かった。石田伍助のような人物は後世に長く伝えられるだろうが、それは伝承だけでなく、記録された資料によって伝えられるのである。

《注》

（1）福田アジオは『日本民俗学方法序説』で「民俗は超世代的に伝承されているものである」とし〔福田　一九八四　二五八〕、赤田光男も「民俗は親、子、孫へと世代ごとに継承される生活文化である」とする〔赤田　一九九八　二四〕。鈴木正崇は「民俗とは民間伝承であり繰り返される生活と思考の様式とされてきた」と述べている〔鈴木　一九九八　二六九〕。

（2）本稿で使用する「記録資料」は、史料と金石文、新聞資料など全般を含む用語である。歴史学では「記録史料」を使用するのが慣例であるが、古文書に限定しないという意味で「記録資料」を用いる。

（3）口承と書承については、古家信平「口承と書承」、小池淳一「民俗書誌論」が参考になる。書承は聞きなれない用語であるが、文字を介した知識という意味で、いわゆる文書記録である。

（4）大月隆寛は『民俗学という不幸』の中で、民俗学の現状について「この国の民俗学の現状は断末魔である」とか「断末魔の民俗学」などと辛口の批評をしている〔大月　一九九二　一八一～一八二〕。また、民俗学の一般誌を目指した『フォークロア』七号に山折哲雄が「落日の中の日本民俗学」という題名のエッセイを寄せている〔山折　一九九五　一二〕。このネーミングは日本民俗学会の年会でも用いられ、広く流布した。

（5）柳田国男『郷土生活の研究』〔柳田　一九六七〕は、当初『郷土生活の研究法』として昭和十年（一九三五）に刀江書院から刊行された。講演記録や口述筆記から成る概説書で、『定本柳田国男集』には収まっていない。同書で初めて民俗資料の分類として有形文化・言語芸術・心意現象の三部分類が説かれた。

（6）群馬県吾妻郡東吾妻町大柏木のデータ収集は、群馬県立歴史博物館の資料調査に依るところが多い。『群馬県立歴史博物館調査報告書』七号（一九九六）に、私は山本質素・飯島康夫・永島政彦の各氏と「吾妻郡吾妻町大柏木の民俗」と題した報告をしている。なお、資料調査後、何度か個人調査を実施している。

（7）ゴロウジサは、屋号「五郎左衛門」のジィサンの意味である。土樽では各家を指すときに屋号で呼び合っており、その屋号がスキー民宿の名称になっている場合もある。

（8）今井善一郎は「稀には男でも助産をする人もあった」と述べている〔今井　一九七七　四一七〕。

《参考文献》

赤田光男　一九九八「民俗と常民」福田アジオ・小松和彦編『講座日本の民俗学』一巻（民俗学の方法）雄山閣出版

E・ホブズボウム、T・レンジャー　一九九二『創られた伝統』紀伊国屋書店

板橋春夫　一九九五『葬式と赤飯―民俗文化を読む―』煥乎堂

板橋春夫　一九九八「長寿銭の習俗―長寿観の一側面―」『群馬文化』二五六号

板橋春夫　二〇〇〇「産婆の生活と機能―「いのち」の保護の視点から―」『信濃』五二巻一二号

板橋春夫　二〇〇二「トリアゲジサの伝承―出産に立ち会った男たち―」『日本民俗学』二三二号

板橋春夫　二〇〇三「赤子を取り上げた男たち―群馬県における男性産婆の存在形態―」『群馬歴史民俗』二四号

今井善一郎　一九七七『今井善一郎著作集　民俗編』煥乎堂

岩田重則　一九九八「日本民俗学の歴史と展開」福田アジオ・小松和彦編『講座日本の民俗学』一巻（民俗学の方法）雄山閣出版

大月隆寛　一九九二『民俗学という不幸』青弓社

香月洋一郎　二〇〇〇「民俗にとっての近代―ひとつの前提として―」赤田光男・香月洋一郎編『講座日本の民俗学』一〇巻（民俗研究の課題）雄山閣出版

勝田　至　一九九八「民俗学と歴史学」福田アジオ・小松和彦編『講座日本の民俗学』一巻（民俗学の方法）雄山閣出版

河北新報　一九〇三「男の産婆」『河北新報』二〇七九号（明治三十六年四月七日付）
北橋村誌編纂委員会編　一九七五『北橋村誌』北橋村役場
木村 博　一九七一「奇習レポート男の産婆（とりあげ）」『民間伝承』三五巻一号
群馬県教育委員会編　一九六八『北橋村の民俗』群馬県教育委員会
群馬県教育委員会編　一九七〇『桐生市梅田町の民俗』群馬県教育委員会
小池淳一　一九九六「民俗書誌論」須藤健一編『フィールドワークを歩く―文科系研究者の知識と経験―』嵯峨野書院
小松和彦　二〇〇〇「『たましい』という名の記憶装置―『民俗』という概念をめぐるラフ・スケッチ―」小松和彦編『記憶する民俗社会』人文書院
酒井忠雄　一九七五「柳田学における「伝承」の意味」『季刊柳田国男研究』八号
笹本正治　一九九八「民俗と文字―伝承と書承―」福田アジオ・小松和彦編『講座日本の民俗学』一巻（民俗学の方法）雄山閣出版
ジャック・ル・ゴフ　一九九九『歴史と記憶』法政大学出版局
鈴木正崇　一九九八「日本民俗学の現状と課題」福田アジオ・小松和彦編『講座日本の民俗学』一巻（民俗学の方法）雄山閣出版
高桑守史　一九九八「民俗調査と体碑―伝承の一側面―」関一敏編『民俗のことば（現代民俗学の視点2）』朝倉書店
高橋郁子　一九九九「人の一生・出産にまつわる話」『湯沢町史編さん室だより』七号　新潟県湯沢町教育委員会町史編さん室
館林市教育委員会編　一九八一『あかばねの民俗』館林市教育委員会
平山和彦　一九九二『伝承と慣習の論理』吉川弘文館
福田アジオ　一九八四『日本民俗学方法序説』弘文堂
古家信平　一九九六「口承と書承」佐野賢二・谷口貢・中込睦子・古家信平編『現代民俗学』吉川弘文館

柳田国男編　一九三八『山村生活の研究』国書刊行会
柳田国男　一九六七『郷土生活の研究』筑摩書房
山折哲雄　一九九五「落日の中の日本民俗学」『フォークロア』七号　本阿弥書店

男性産婆の伝承

羞恥心の問題を視野に入れて

問題の所在

民俗学の研究対象として、男性産婆を発見したのは民俗研究者の木村博であった。木村は「奇習レポート男の産婆」を『民間伝承』に発表した〔木村　一九七一〕。このレポートは日本民俗学において男性産婆を正面から取り上げたものとなった。木村によると、発表当時は民俗学界では何の反応もなかったという。

そしておよそ三十年後、私は通過儀礼研究〔板橋　二〇〇七〕の一環として「トリアゲジサの伝承—出産に立ち会った男たち—」「赤子を取り上げた男たち—群馬県における男性産婆の存在形態—」「民俗研究における伝承と記録資料—男性産婆の調査を例として—」と、三本の論考を続けて発表する機会を得た〔板橋　二〇〇二、二〇〇三a、二〇〇三b〕。これらに対する民俗学界の反応は、木村の時代と同様であった。それは事例自体が稀《まれ》なケースと思われ、調査研究の発展性が望めないとみられたからであろう。

木村がレポートを発表した時期に通過儀礼研究者が男性産婆の存在に注目し、その伝承をていねいに聞き書きしていたならば、出産に関わる民俗研究は現在とはもう少し違った局面を見せていたかもしれない。そのような中にあって、八木透が男性産婆研究の重要性に注目した〔八木 二〇〇八〕。私は男性産婆に関する三本の論考執筆後、少しずつ各地の民俗調査報告書を検索してきたが、わずかであるが男性産婆の資料を得ることができた。本稿ではそれらを紹介するとともに、既発表の事例も含めて羞恥心の問題を視野に入れながら若干の考察を加えてみたい。

1 男性産婆の諸相

私は前稿「赤子を取り上げた男たち―群馬県における男性産婆の存在形態―」において、渋川市北橘町の石田伍助と戸部忠作の二人〔群馬県教育委員会編 一九六八、北橘村誌編纂委員会 一九七五、板橋 二〇〇三a・二〇〇三b〕、前橋市粕川町の中谷金造〔板橋 二〇〇二 三八～三九〕、館林市の松本伊三郎〔板橋 二〇〇三a 三九～四一〕、桐生市の庭野喜平次〔板橋 二〇〇三a 四一～四二〕、以上の六人について検討した。追跡調査を実施したところ、桐生市梅田町の庭野喜平次については「庭野喜平次ジィサンは男でも取り上げた」とあるが、桐生市内の庭野姓すべてに問い合わせをしても地元の郷土史家に確認してもらっても、何の情報も得られなかった。その結果、この人物は男性産婆として把握すべきではないという結論に達した。

今までの経緯を簡単にまとめると、庭野喜平次を除いて計五人の男性産婆の存在を確認したことになる。また、私は「トリアゲジサの伝承—出産に立ち会った男たち—」において、新潟県南魚沼郡湯沢町土樽の男性産婆であるゴロウジサこと原沢政一郎について報告した。管見《かんけん》の範囲で知り得た男性産婆六人について、活躍のあり方や助産に関わるエピソードなどの聞き書きによって、わずかながらその実像を明らかにできた。

次に、その後の研究者からの情報や各地の民俗調査報告書などに報告された男性産婆と思われる事例を紹介してみることにする。

【事例1】　青森県津軽地方

助産者　男と女とある。男はもとボサマで盲目の者が鍼《はり》など打ち、漢方薬を使って子供をとりあげた（鰺ヶ沢・蟹田）〔千葉　一九七〇　二一〕

【事例2】　青森県青森市内真部・奥内

大正二年生まれの人が最初の子供を産んだ時は、藁で囲んだ中で座ってモッタ（産んだ）という。この時はポテと呼ばれた目の見えない男の人が取り上げ、次の子はイヨという産婆取り上げた。（中略）今の人はお産の時夫がついていたりするが、昔は夫はついていなかった。（奥内）
大正十一年生まれの人の母親は、藁で作った俵を周りに並べて真ん中に布団を敷き、座って産んだ。実家の裏に目の見えない男の人が住んでいて、取り上げてくれた。（中略）（内真部）〔青森市史編集委員会民俗部会編　二〇〇四　七四〕

【事例3】　山形県南陽市須刈田

山村の小さいムラなどでは、男のトリアゲもいて信用が高かった、という話は山形県南陽市須刈田できいたことである。〔武田　一九九七　一〇〇〕

【事例4】　山形県上山市中山、上山市竜沢、長井市宮の田端、西置賜郡荒砥東町

① 西置賜郡（現長井市）『長井村郷土誌』
子なさせ（産婆）は坊様といって失明者であった。今考えれば之は危険なことであるが、産婦に羞恥心を与えないで心を落ち着けて安産できる様にと、この様にしたのであった。〔木村　一九七一　四〇〕

② 上山市中山

上山市中山のボサマ（須藤氏）については同地の富田善男氏（明治三十八年二月生）と酒井兵吉氏（明治四十四年五月生）から聞いたものである。このボサマは米沢の太宰医者から技術を習ってきたそうだ。太宰医者というのは、今その跡は絶えているが、かつては米沢で著名な産科医であり、「難産」の時などは置賜一円の村々から迎えにこられた程だという。けれど太宰医者が果して医術をボサマに伝授したかどうかは疑問であろう。ともあれ、中山のボサマは上手だったといわれ、現にこれを語ってくれた富田、酒井の二氏も、この人からとりあげて貰ったのである。〔木村　一九七一　四一〕

③ 長井町宮の田端（現長井市）

俗にタバタのボサマというのがおって、もみ療治などしていたが、トリアゲもしていた。そして若干の報酬も得ていたようである。明治の末から大正の初め頃までかと思うが、実際には会ったことはなかった。〔木村　一九七一　四一〕

④ 西置賜郡荒砥東町

西置賜郡荒砥東町の奥村キウさんから最近聞いたのだが、同地の東町にアジエーボサマというのがいて、子供をトリアゲていたということを聞いているとのこと。精しいことは不明だが、そのボサマを直接知っているそうだし、まず間違いないと思われる。〔木村　一九七一　四一〕

⑤ 上山市竜沢

明治の末頃から、つい最近（終戦後）まで加藤福蔵、平左衛門父子が二代にわたってとりあげていたという。これはレッキとした目明きの例である。交通不便な山村のことであるから、経験を重ねた加藤氏がいつか産婆の技術を覚え、急の需要に応じていたのであろう。父から子に相伝されたというのは面白い。〔木村　一九七一　四二〕

【事例5】　新潟県西谷村大字木山沢、東谷村大字栃尾

男の産婆　産婆規則第一條に依れば、産婆試験に合格し年齢二十歳以上の女子にして産婆名簿に登録したものにあらざれば産婆の業を営むことを得ずとあれば、産婆は必ず女子ならざるべからざるに、何処《どこ》を何《ど》うして間違つたものやら、新潟県古志郡内に男の産爺が二人あり、一人は西谷村大字木山沢石原与蔵（六十六）、今一人は東谷村大字栃尾荒木八兵衛（六十九）とて梅干爺なるが、二人とも立派に産婆名簿に登録しありて、是まで何年となく妊婦を取扱ひ居りしを、此程に至り警察部に於て、図らずも此両人の名前が係官の眼に触れ、之は奇体と古志郡役所に男女の区別取調方を照会されたり〔河北新報　一九〇三〕

【事例6】　群馬県沼田市利根町根利

出産の際には、おじいさんとおばあさんが二人で取り上げたという。おじいさんは牧場をやっていて、馬や牛の出産の取り上げをしていたので、人の子も取り上げられるだろうと頼まれるようになったのだという。このおじいさんとおばあさんは昭和三十九（一九六四）年まで取り上げをしていた。〔武蔵大学人文学部比較文化学科編　二〇〇六　四八～四九〕

【事例7】　静岡県裾野市下和田

下和田ではトリアゲバアサンではなく、年配の男性が取り上げていたこともあった。一九三三（昭和八）年に生まれた子供を取り上げたのは、夫の父親だという女性もいる。一九四九（昭和二四）年に生まれた子供も妊娠中は産婆に診てもらいながら、取り上げたのはこの父親だった。以前にいたトリアゲバアサンが亡くなった後、ほとんどの下和田の人が取り上げてもらったが、腹を見て逆子だとすぐわかる人だったという。〔裾野市史編さん専門委員会編　一九九七　五二二〕

【事例8】　三重県松阪市

① 松坂新座町で達原卯吉が男産婆と呼ばれて助産を行っていた。資格を持つ産婆を三名ほど置いて出張させてはこの地方での助産に信用を得ていた。卯吉は京都で水原流という産科を学び医師にならず助産夫として働いた。妻も長男の嫁も、孫の嫁も三代続いて産婆であった。長男の嫁達原た

めのは飯南産婆会の役員として活動した。現在孫の勝一の幼時まで存命していたが、ここに働いていた大森律も後に一志産婆会の役員を務めていた。〔三重県看護史編纂委員会　一九八七　三一〕

② 松坂の新座町で男産婆をしていた達原宇《ママ》吉と並んで明治・大正・昭和の初めにかけて男産婆をしていた山本玄斎がある。父は山本玄仲（勝茂）で藤堂藩医であった。玄斎は安政一年一月十三日生まれ、小石川の病院で橋本拙斎に学び、松坂に移って中町五丁目（職人）で開業した。昭和八年二月十六日没。山本玄仲―玄斎―昌生―昌郎、玄斎のあとは襲業せず。〔三重県看護史編纂委員会　一九八七　四〇〕

③ 男産婆の由来について　松阪市民病院　塚本輝代

明治初期の頃、松阪地方に「男産婆があったのではないか」と、言う聴き取りを得て、早速、松阪市新座町の達原宅を訪れた。当主達原勝一氏は、明治38年生れの方で奥様もお元気で、こころよく迎えて下さった。記憶をたどっての話であったが、男産婆と言われた方は、勝一氏の祖父に当る方で、名を「卯吉」と言われ、江戸時代の生れで明治の初め京都で水原流と言う医学「漢方」の修業を積まれ、松坂へ帰り開業されたのである。明治42～43年頃は毎日40名位の患者があったと言う。難産の時の往診には、馬に乗って行かれたとか、後に住民から、お産の神様とまで言われたそうである。

卯吉氏の奥様は、名を「さき」と言われ、とりあげばばとして正常産の介助をされていたようである。又卯吉氏の長男の嫁で名を「さきの」と言われた方は、明治13年生れの方で津温故堂産婆養成所を卒業された助産婦で、舅卯吉氏の跡を継ぎ、大いに活躍された。

孫にあたる勝一氏の奥様も助産婦で、最近まで開業しておられ、飯南助産婦会発足時に尽力された。

三重県に於いては、明治10年より産婆の養成がなされているが、生徒の中には男子は見当らない。又、松阪医師会史の調べに於いても達原卯吉氏が開業しておられたことは記載されているが、医師としての名簿には名が出ていないのである。勝一氏とも話たのであるが、達原卯吉氏は医師として開業していられたが、正式な手続きがなされていなかったため、男産婆と言われたのではないかと思われる。

又、達原氏とまったく同じような話を、私も母から聞いたのである。私の母は、大正6年寺田産婆養成所を卒業して、40数年助産婦を開業していた。その母が言うには、自分が開業する以前のお産は、村に男の医者がいて難産の時は医者を呼び、普通のお産は医者の奥様が取り上げていたと、云うのである。此の医者は達原氏とは別人であることは確かである。このことからも、明治時代には医師か、男産婆か、いづれにせよ、医学の知識がある人達が、助産にたづさわっていたことがうかがえる。〔三重県看護史編纂委員会　一九八七　四二～四三〕

【事例9】　三重県伊賀東部山村

種生には、トリアゲジイサンが居た。出産の時刻は潮の干満と関係があってサシシオの時に多く生まれるものと言われている。阿山、大山田、青山の各地域では、男が産に立ち合うことを人手が足りない時にという例もあったが、「腰抱き役」「見張り役」等、産に臨んで、夫、父親、舅の積極的な手援けを必要とするものであった。〔岡田　一九七〇　二三二〕

【事例10】　愛媛県大洲市上須戒

① この山村にはお産を手伝ってくれる人（産じいさん、とりあげ婆さんと村人は表現した）もいた。〔吉村　一九九二　三六〕

② 産じいさんはSさんといい、本業は理髪師で一九四二年頃亡くなったようだ。彼の母親がお産の手伝いをしていた人だったから、母親に付き添ってお産の手伝いに行くうちに、見様見まねでお産援助の方法を知ったらしい。「産ばあさんよりうまい」と、彼をたのむ村人が多かった。Sさんはお産が長引き少し生まれ難い時には、産婦の陣痛に合わせて自分は産婦を後ろから抱え、夫には産婦の前に坐って、陣痛に合わせて産婦のお腹を押し下げるようにするやり方を教え、夫ともにお産を援助したという。Sさんはそのやり方で自分の子どもをすべてとりあげたと

言っていたそうだ。〔吉村　二〇〇八　五三〇〕

【事例11】　長崎県佐世保市（宇久町平）

出産の時に産が長引くと、夫が手をかすとことがある。長崎県北松浦郡宇久島では、ハラオサエといって、男が一方の膝の上に産婦をすわらせ、両手で後ろから力いっぱい腹をおさえる（離島生活の研究）。〔大藤　一九六八　四五〕

【事例12】　チベット

チベットで出産時に胎盤が降りなくて苦しんでいるときに「たしかタイジラアとかいうジェーン旗難民のお爺さんが、ある産婦の胎盤を引き出して命を助けたという話を聞いたことがあるといった。（中略）老人は背中で産婦の命をおおぜい助けたことがある」と語り、実際にあっという間に胎盤をおろすことに成功している。〔木村肥佐生　一九八二　一〇五〕

2　男性産婆の事例分析と認識の問題

前節で紹介した事例について若干の考察を加えたい。【事例1】は千葉徳爾による青森県津軽地方の報告である。助産者について「男と女とある。男はもとボサマで盲目の者が鍼など打ち、漢方薬を使って子供をとりあげた」と報告しているが、この事例報告に、当時の研究者は早く注目すべきであった。【事例2】は長谷川方子の報告で、青森県青森市内真部《うちまんべ》・奥内の事例である。大正二年（一九一三）生まれの人が最初の子ども産んだ際には「ポテと呼ばれた目の見えない男の人」が取り上げ、大正十一年（一九二二）生まれの人の母親が産む際にも「目の見えない男の人」が取り上げたという。恐らく同一人物であろう。[1]【事例3】は武田正の報告で、山形県南陽市須刈田において「男のトリアゲもいて信用が高かった」と聞いた事例であるが、残念ながら伝聞の域を出ていない。

【事例4】は、木村博が山形県における男性産婆について聞き書きを行った報告で、四例が紹介される。当時の木村の認識も「全国的に見ても、『男の産婆』などはあり得る訳はないとも思う」と記しているとおり、男性が助産に携わる話をにわかに信じられなかったようである。しかし、『長井村郷土誌』を読んだ木村は、過去に調査した同県上山市中山の事例を思い出したのである。そして産科医ならばともかく、男性が出産に立ち会う事例がほかにもあるだろうかと問題提起をした。

木村のレポートは、男性産婆の存在に対する驚きとそれに関する問題の提起であった。中山では、木村は明治三十八年（一九〇五）と四十四年（一九一一）生まれの二人の男性から「中山のボサマ」と呼ばれたお産の上手な男性について聞き書きをした。それによると、ボサマの助産技術は太宰医者から習ったという。太宰医者は米沢では著名な産科医で、「難産」の場合には置賜一円から迎えに来られた。その腕前に関するエピソードが伝わる。五升樽の中に人形を入れておき、酒の注ぎ口にカギを入れて人形を引っかけて取り出す妙技を持ち、人間の赤子も同様に取り出したという。

また木村は、同市に生まれ育った産科医からボサマのことを聞いている。それによると、そのボサマは明治末年から大正初めころまでトリアゲに従事していた。同じ村には女性の近代産婆もいたが、昔からのトリアゲバアサンに出産介助をしてもらう人が多かったのでほとんど仕事がなかったという。ほぼ同時期に同じ村の中に男性産婆、トリアゲバアサン、そして有資格産婆の三者が併存していたことになる。

盲目のボサマの多くはカギを使って赤子を引き出す方法を採っていた。興味深いのは、いずれの村にも女性のトリアゲバアサンや有資格の近代産婆がいたことである。ボサマの助産とはさほど競合していなかったようである。ということは、羞恥心を感じさせないために盲目のボサマが助産を行ったという説明だけでは十分でない。この点に関しては木村も気づいており、次のような考察をしている。

出産に当って産婦もボサマが盲目なるが故に「羞恥感を与えないで心を落着けて」手当が受けられたというのは、「男の産婆」を意識しすぎた解説であろう。男であることの必要は更になかったのである。それよりもむしろ平常から「もみ療治」や「鍼」「灸」といった一種の医療行為を業としていたために、恰かも専門医にでもかかる如き心境だったのではないだろうか。

〔木村　一九七一　四二〕

【事例5】の資料は、明治三十六年（一九〇三）四月七日付の「河北新報」である。(2)この記事が載るのは「諸国珍談」とタイトルが付けられたコーナーで、このほかにも三面記事のような内容が続く。当時も話題になったニュースだったと思われる。「是《これ》まで何年となく妊婦を取扱」っていた男性産婆（ここでは「産爺」）が産婆規則制定後の産婆名簿の中にも存在していたという記事であり、各地の産婆名簿の確認作業が残された課題であることを示している。

【事例6】は、武蔵大学人文学部比較文化学科学生による群馬県沼田市利根町根利の調査報告である。男性産婆としての「おじいさん」の存在が報告されるが、この人物は牧場を営みながら馬や牛の出産の取り上げをしていたので、人の子も取り上げられるだろうからと頼まれたという。そして昭和三十年代まで赤子を取り上げていたらしい。今後、私たちは男性産婆がその仕事に就《つ》く経緯や具体的な取り上げ方法などを詳細に聞き書きしておく必要がある。(3)

そして【事例7】は静岡県裾野市の事例で、年配の男性が取り上げていたという内容である。

この男性は以前いたトリアゲバアサンが亡くなった後、下和田生まれのほとんどの人を取り上げたといい、腹を見て逆子だとすぐ分かる人であった。地域社会に根付いた男性産婆の一人といえよう。(4)【事例8】の三重県の事例は、明治から昭和にかけて活躍した人物である。「男産婆」の言葉が使われており、「助産夫」として認知され、医師の資格に近い技術と知識を持っていた。二人の男性産婆は近代産婆ともある程度の連携をとっていた。そのうちの一人である達原卯吉は「お産の神様」とまで言われた。(5)

【事例9】も三重県の事例であるが、こちらは聞き書きの成果である。岡田照子は誕生儀礼の論文に男性産婆の存在を示唆していたが、それは自身の調査成果に基づくものであったことが、この調査報告で裏付けられる。『伊賀西部山村習俗調査報告書（三重県文化財調査報告書第一四集）』（三重県教育委員会）にも「取り上げる人は男女を問わず、トリアゲジイサンも居《お》り、また自分で取り上げたという場合もあった」という報告がなされている。

【事例10】は、吉村典子の調査報告である。それによると、理髪業を営む男性が男性産婆であった。一九四二年ころに亡くなった人で、活躍した時代は昭和十年代までであった。助産の専門家というよりも夫婦共同で行う出産の援助者的立場にある人物と言えよう。男性産婆になった経緯や具体的な活動範囲などは明らかでないが、間違いなく男性産婆が存在した事実が報告されたことは貴重な情報である。

【事例11】は、大藤ゆきが『離島生活の研究』から引用したものである。産育習俗研究の第一人者である大藤は、男性の助産に気付いていたことが判明した。しかし、それを発展させることはなかった。なお、【事例12】は、チベットの事例で参考として上げておくに留める。チベットで出産時に胎盤が降りなくて苦しんでいるときに、老人が産婦の命を大勢助けたことがあったと語る。外国においても男性産婆は決して珍しいものではなかったことを示す資料と思われる。

3 男性産婆の存在理由と羞恥心の問題

男性産婆の存在理由

男性産婆の存在理由はどこにあるのだろうか。前稿でも分析したように事例群をみていくと、【事例6】のように緊急避難的に男性が出産介助に携《たずさ》わるようになった事例が少なくない。出産に伴う経費を問題にすると、トリアゲバアサンの時代は無償であり、それが国家政策に基づく有資格の近代産婆が活躍するようになると出産介助の有料化が進んだ。近代産婆の時代には、衛生観念をもって安全な出産が確保されるようになるが、その代わりに出産に伴う経費は必要とされた。そのような状況下、男性産婆は基本的に無償で出産介助にあたっていた。しかし、男性産婆は法令に抵触するために、その存在が明確になっていなかった。民間に伝わる習俗は必ずしも法令どおりではない。法律は社会生活の中で何か問題が生じたときに決められる性質のものであることを忘れてはならない。

大林道子は、その著『お産—女と男と 羞恥心の視点から—』の「男性助産婦をめぐるQ&

A」の中で、看護職を女子だけに限っているのは男性差別ではないかという問いに対し、看護は女性の役割というのは性別役割分業の結果であるとしつつ、歴史的には戦場における看護人は男性が主流であったことや、幕末から明治に続く時代に男性が看護人になる例を紹介し、さらに「助産婦に関しては、昭和の初年ごろまで、女の産婆の不在の僻地などにおいて、男性の産婆の業務権を内務省が認可している事例があり、男産婆は存在していた。法制度的に看護婦や助産婦を女性が独占するようになったのは、西欧化、〝近代化〟と無関係ではなく、受手の側の要望と一致した面が大きかったと思う」と述べている〔大林　一九九四　三二六〕。

男性に産婆の業務権を内務省がどのような形で許可していたのか、出典が明らかにされていない。この記事を手がかりとして、国家による男性産婆への対応の一部を探ることは興味深いことである。大林によると、女性の産婆が不在である山間僻地《へきち》などにおいて、男性に産婆業務の権利を内務省が特別に認可した事例があったようである。

羞恥心と男性産婆

出産育児に限定した場合、女性が男性に乳房《ちぶさ》を見せたりさわらせたりするのは医療者や家族など限定的になる。そして現代社会においては、異性に乳房や性器を触れさせるには特別な信頼関係が必要となることは言うまでもない。医師であれば男性であっても産婦の乳房や性器に触れるのは医療行為として当然のことと受け止められるが、出産とその後に続く性的羞恥を伴う産婦へのケアなどの場面を、あえて男性にゆだねることができるかという問題が現代の男性助産師導入における課題の一つである。

そこで羞恥心という概念が重要になる。恥ずかしいと思えば誰でも恥ずかしいものであるが、それが医療行為であり、異性が関与できるか否かということであろう。新潟県湯沢町土樽のゴロウジサの産婦に対する助産介助をみると、必ずしも男性だから恥ずかしいということはなかったように思われる。現代社会における羞恥心と当時の人びとが有していた羞恥心とは、かなり異質なものであったと考えられる。(6)

羞恥心の問題として考えておきたいのは、出産はかつて家族の中でその臨場感と役割分担があったことである。しかし、医療としての産科学の進展とともに、出産は医療の分野に属してしまうことになった。そのために普段の生活の中で何気なく行われていた産婦への行為やまなざしが大きく変化し、現在は曲がり角に来ていると言えよう。

まとめと課題

男性産婆の全国的規模の存在確認とそれら人物群のエピソード収集及び分析が、今後における調査研究上の課題である。特に近代産婆の確立に伴い、昭和時代に入ると全国各地で女性の近代産婆が活躍するようになり、旧来から存在していたと推測される男性産婆の伝承は消滅化傾向にある。そのためにも地道な継続調査が必要とされるのである。

かつて男性産婆に関わる羞恥心の問題を指摘したことがあるが、妊娠・出産・育児の各段階において羞恥心の観念は大変重要な視点である。男性産婆に共通する性質として、無口、口が堅い、信心深い、子ども好き、などの特色が上げられ、その結果であろうか、女性が男性産婆に乳房を見せたり、場合によっては乳を吸わせたりしても違和感は無かったと多くの伝承者が語っている〔板橋　二〇〇二　四二〕。

男性産婆が活躍した土地では、むしろ男性産婆に見てもらうのが当たり前という感覚があったようである。この当たり前と感ずる感性こそ、男性産婆が地域社会に受容されていることを示すものであり、それが羞恥心を感じさせない大きな要因であると思われる。八木透も指摘するように、羞恥心の問題は周囲の認識やイデオロギー、あるいは環境によって常に変化するものである。男性産婆の研究を進めるには、羞恥心とジェンダーの問題は避けて通れないテーマであろう(7)。

既に触れたが、男性産婆の活躍した地域とその活動内容の問題も重要である。今後の調査において追求すべき課題であろう。男性産婆の存在形態は現代社会において、あり得ないこと、希少性、奇異なものという観念で、一方的に事象を判断してはいけないということを私たちに気づかせてくれる。そして、出産は女性でなければ分からないとか、男性は産室《さんしつ》に入ってはいけないなどという俗信やタブーは、意外に新しい民俗事象かもしれない。その意味からも先入観のない調査研究と分析視角が大切であると言えよう。

《注》

（1）青森県弘前市在住の民俗研究者の長谷川方子氏から、青森市の内真部と奥内という二つの集落において出産介助をした盲人男性の存在を教えられた。奥内では大正生まれの話者が母親の事例として語っており、当地では小学生くらいの女子であれば、出産の手伝いをしたもので、現在でも伝聞ではあるが古い事例を採集することは可能であるという。現時点でも焦点を絞り込めばもう少し詳しい調査ができるかもしれない。

さらに長谷川氏から次のような話を聞いた。イタコは夫婦者のこともあるが、その場合は男性が盲人であることが多いという。夫婦がうまく連携して口寄せなどができるのだという。ある研究者が盲目のイタコを訪ねたとき、部屋の中が整然と片付いていたのに驚いたという。それは前提として目が見えない人は片付けられないという先入観があるが、盲人に対する畏怖の念が醸し出される原初形態を感じる。とにかく目が見えないことの驚きを語るエピソードの一つである。長谷川氏との会話で、実は出産は目で取り上げるのではない、したがって目が見えなくても手で取り上げることはできるのである、と示唆を受けた。卓見であると思う。

（2）この資料は、宮城県仙台市在住の民俗研究者の鈴木由利子氏から提供を受けた。

（3）この報告書と男性産婆の情報は、調査指導にあたられた小野博史氏から提供を受けた。

（4）この資料は、静岡県静岡市在住の民俗研究者の松田香代子氏から提供を受けた。

（5）奈良教育大学の梅村佳代教授から『三重県看護史』に男性産婆が紹介されていることをご教示いただいた。そして同書の閲覧については、群馬大学医学部の松田たみ子教授のお手を煩わせた。

（6）羞恥心の問題は時代による相違があるという予察を述べたところ、吉備国際大学の靍理恵子氏からその主旨は興味深いが推測の域を出ておらず、今後の論証が必要であると指摘された。私に課せられた課題の一つでもある〔靏　二〇〇三　六〇〕。また、吉村典子氏は男性の出産参加について、わが国では男性が出産に関与するのを古来からタブー視する見方が支配的であり、男性が手助けすることや夫婦で共に出産したいと考える医療側の嫌悪や拒否の感情が存在していると主張している。多様な出産習俗が各地にあったことを示す研究を推進し、実証的研究で具体的な男女共同参加型の出産に関する論文を発表している。〔吉村　二〇〇八　五二五〕。

（7）仏教大学の八木透教授は論文「出産をめぐる習俗とジェンダー」の中で、羞恥心とジェンダーの問題に着目し、男性産婆の存在の特異性とその意味づけを論じている。同論文中で私の執筆した複数の論文を引用しながら男性助産師導入の考え方にも言及している。八木教授は私の立場を「現代における男性の助産師への参画をどちらかというと肯定的にとらえている」と論じている。私は過去に男性産婆が存在したという歴史的事実の追究に興味があり、当面は男性産婆の存在形態と彼らに助産を頼んだ産婦たちの意識や感性について、時代の差異に留意しながら事例分析を進めたい。現時点では、歴史的事実を無視したイデオロギー的発言に警鐘を鳴らすことが先決と考えている。そのためにも、消えゆく貴重な民俗事例の蓄積が急務である。なお、八木教授は近著『日本の民俗7　男と女の民俗誌』（吉川弘文館）の「男とお産」の中で男性産婆とジェンダーについて論じているが、内容は前述の論文とおおむね同じである。

《参考文献》

青森市史編集委員会民俗部会編　二〇〇四　『後潟・奥内・油川・内真部・西田沢の民俗』（青森市史叢書6　民俗調査報告書第六集）　青森市

板橋春夫　二〇〇二　「トリアゲジサの伝承―出産に立ち会った男たち―」『日本民俗学』二三二号　日本民俗学会

板橋春夫　二〇〇三a　「赤子を取り上げた男たち―群馬県における男性産婆の存在形態―」『群馬歴史民俗』二四号　群馬歴史民俗研究会

板橋春夫　二〇〇三b「民俗研究における伝承と記録資料―男性産婆の調査を例として―」『ぐんま史料研究』二一号　群馬県立文書館
板橋春夫　二〇〇六「二人の男性産婆」『ぐんま地域文化』二七号　群馬地域文化振興会
板橋春夫　二〇〇七『誕生と死の民俗学』吉川弘文館
大藤ゆき　一九六八『児やらい』岩崎美術社
大林道子　一九九四『お産―女と男と　羞恥心の視点から―』勁草書房
岡田照子　一九七〇「通過儀礼」『伊賀東部山村習俗調査報告書（三重県文化財調査報告書第一一集）』三重県教育委員会
河北新報　一九〇三「男の産婆」『河北新報』二〇七九号（明治三十六年四月七日付）
北橘村誌編纂委員会編　一九七五『北橘村誌』北橘村役場
木村肥佐生　一九八二『チベット潜行十年』中央公論社（文庫）
木村　博　一九七一「奇習レポート男の産婆（とりあげ）」『民間伝承』三五巻一号
群馬県教育委員会編　一九六八『北橘村の民俗』群馬県教育委員会
裾野市史編さん専門委員会編　一九九七『裾野市史』第七巻（資料編　民俗）裾野市
武田正　一九九七『子どものフォークロア―その異人ぶり―』岩田書院
千葉徳爾　一九七〇「津軽民俗の地域性」和歌森太郎編『津軽の民俗』吉川弘文館
靍理恵子　二〇〇三「民俗学における産育研究の展望―大藤ゆきの研究をふまえて―」『子産み・子育て・児やらい―大藤ゆき追悼号―』女性民俗学研究会
三重県看護史編纂委員会　一九八七『三重県看護史』社団法人三重県看護協会
武蔵大学人文学部比較文化学科編　二〇〇六『根利の民俗（武蔵大学人文学部比較文化学科民俗調査演習報告書第二集）』武蔵大学人文学部比較文化学科
八木　透　二〇〇八「出産をめぐる習俗とジェンダー―産屋・助産者・出産環境―」『仏教大学総合研究所紀要』一五号　仏教大学

八木透　二〇〇八「男の民俗誌」『日本の民俗7　男と女の民俗誌』吉川弘文館
吉村典子　一九九二『子どもを産む』岩波書店（新書）
吉村典子　二〇〇八「四国山地・上須戒の出産民俗史―夫婦共同型出産習俗にみる安産への視線―」『国立歴史民俗博物館研究報告』一四一集　国立歴史民俗博物館

近代出産文化史の中の男性産婆

問題の所在

わが国では、助産に携わる人の名称はトリアゲバアサン、産婆、助産婦、助産師と変わったが、一般には字のごとく女性の職域とされてきた。助産分野を男性にも門戸を広げるべきとする動きは戦後に何度か起こり、平成十二年（二〇〇〇）に「保健婦助産婦看護婦法」の一部改正案が臨時国会に提出されたが、その法案は時期尚早を理由に廃案となった。平成十四年三月一日の改訂で「保健師助産師看護師法」となり、名称上は性差による区別がなくなった。

平成十二年の法律改正案の提出を契機に、男性助産師導入に反対する立場の人びとは、腰や乳房を夫以外の男性にマッサージしてもらうことに対する羞恥心の問題や、当事者である産む女性の気持ちが考慮されていないと主張した。一方では産婦人科医は男性が多いので、助産に男性が関わっても違和感がなく、性差による職業差別を取り除く観点から助産分野も例外にすべきではないというジェンダーの立場からの意見も根強くあった[1]。当時、男性助産師導入に反対する人びとは「助産は昔から女性に決まっている」とか「女性のことは女性が一番よく分かる」といった意見を出していた。

そのような時期に、私は「男性産婆」[2]を「発見」したのである。それは「発見」の名に値する出来事であり、民俗研究における一大事であったと言えよう[3]。本稿では、各地に伝承される男性産婆の事例を検討し、近代出産文化史における男性産婆の位置付けについて、性差を視野に入れながら考察を試みる。

1　出産文化史における男性の位置

男性排除のことわざ

出産における夫の役割について、井之口章次は「初子誕生の責任者である夫は、出産に対してほとんど役割分担がない。初産のとき夫が家におれば、次以後の出産のときも在宅しなければならないとか、難産のときは臼をかついで家のまわりをまわるとか、およそ非生産的な呪術にしか登場しない。夫のつわりもその一つである」〔井之口　二〇〇〇　一七四〕と述べる。妊娠・出産という一連の過程において、夫の役割が最初に見られるのは妊娠五か月目ごろに締める腹帯の事例である。全国各地で夫の褌を腹帯に使う例が報告され、古い褌を締めるとお産が軽いなどといい、里から贈られた帯も一度夫が褌にしめてから使う例もある。褌をしめるのは、妊婦の宿した子の父親であるという暗黙の了解があったと考えられていた〔井之口　一九五九　一九五〕。

妻がつわりで苦しんでいるときに夫も何となく気分がすぐれない「男のつわり」がみられるのである〔和田 一九七八 九〇～一〇五〕。そして出産時の血の忌みがあり、それを避けることが行われたのである。沖縄県池間島では、お産のあった家の夫はもちろん、祝いに行った男性も三日間は漁船に乗れない。群馬県みどり市東町では、産後の一週間は山仕事に行かなかったという。また、難産になると夫が重石や臼を背負って家の周囲をまわる事例も各地に伝承されてきた。

「男性は出産の場にいるものではない」というのは、いつごろから言われ始めたのか。昭和十年代から二十年代にかけて採集された資料によると、出産時に夫が在宅していると、次の出産のときにも夫が在宅しないと生まれないといわれた。そのためにわざわざ夫を不在にする例が多かった。たとえば鹿児島県では、婚家で出産すると夫がいなければ子が生まれない癖がつくといって里で産むようにした。伊豆諸島の御蔵島では、夫が産室を訪れると母子ともに産後の肥立ちが悪くなるといって、産室への訪問が禁じられていた。京都府舞鶴地方では、出産時に夫が在宅したときは次の出産時に不在の場合には夫の下駄を揃えて帰ったことにした〔大藤　一九六八　四五～四六〕。

このように夫が産室へ入ることを忌む地域が多く、出産時に夫が不在であることを肯定する事例が見られる。山仕事をなりわいとする山間地域や魚捕りをなりわいとする漁業地域では血のケガレをことさら重視しており、出産時の夫の立ち会いを忌む傾向がある。

出産に立ち会っていた男性

新村拓によれば、出産の場に男性が立ち会うべきではないとする観念は、九世紀に始まる産穢の禁忌によって強められることになるが、一方で男性が出産に立ち会うことも中世には見られたという。院政から鎌倉にかけての産褥の規定によると、産褥は後産に始まるというので、それ以前に立ち会うのであれば産褥から免れるわけである。近世になると出産に夫が立ち会う場面は多くなり、産科書でも男性の力を借りた分娩法について言及している。強い産褥の意識がある一方で、人手が不足するような場面では夫が頼りにされていた〔新村　一九九六　一七二〜一七三〕。

各地の民俗事例では、産室へ男性が入ることを忌む地域が多く、男性が出産の場にいると難産になると言われ、男性が出産に直接関わる事例は明確に報告されていない。しかし、それを暗示させる報告がいくつか見られる。たとえば岡田照子によると「出産に臨んで夫や父親・祖父などが産婦を後ろから抱いて手助けする地方もあるが、これを腰抱きの役・産婦が眠らぬようにするための見張り役ともいい、トリアゲジイサンともよんでいた」〔岡田　一九九八　二三一〕といい、長崎県壱岐郡では産婆のことをコズエーウバ・コズエーバサーと呼んでいる。その職につく人は女性ばかりでなく、男性のそれもあったという〔恩賜財団母子愛育会編　一九七五　二二一〕し、大分県でも「分娩に際しては、産婦は産座について、産婆または産爺に抱きつかせたり」という記述が見られる〔恩賜財団母子愛育会編　一九七五　二四〇〕。

また、出産のときにお産が長引くと夫が手を貸すところがあり、長崎県北松浦郡では、ハラオサエといって男性が一方の膝の上に産婦をすわらせ、両手で後ろから力一杯お腹を押さえるという。このような例は取り上げ婆の役目を引き受けて、取り上げ爺と呼ばれたりしたという〔大藤　一九六八　四三〜四五〕。吉村典子は、愛媛県大洲市上須戒において明治三十三年（一九〇〇）生まれの女性から、出産時に夫が後ろから抱えてくれ、へその緒も切ってくれたという話を聞き、男性がいるとお産は難しくなるという離島と、男性がいないとお産は難しくなるという山村との出産文化観の違いを検討している〔吉村　一九九二　二四〕。吉村は「この山村にはお産を手伝ってくれる人（産じいさん、とりあげ婆さんと村人は表現した）もいた」と記している〔吉村　一九九二　三六〕。さりげなく書いているので見過ごしがちであるが、「産じいさん」という表現を使っており、男性産婆の存在を暗示しているのである〔吉村　二〇〇八〕。

出産時に夫が遠ざけられるようになるのは、必ずしも伝統的な慣習ではなく、全国各地に近代産婆が浸透してゆく過程と深く関連すると推察されるのである。次に産婆の変遷について触れてみたい。

2　近代出産文化史における産婆

明治元年の売薬・堕胎排除の布達

明治元年（一八六八）十二月二十四日、太政官布告第一一三八「産婆売薬ノ世話又堕胎ノ取扱ヲ為スヲ禁ス」が布達された。いわゆる「産婆取締方」と通称される禁令である(4)。それには「近来産婆之者共売薬之世話又ハ堕胎之取扱等致シ候有之由相聞へ以之外之事ニ候元来産婆ハ人之生命ニモ相拘不容易職業ニ付仮令衆人之頼ヲ受無余儀次第有之候共決シテ右等之取扱致間敷筈ニ候以来万一右様之所業於有之ハ御取糺之上屹度御咎可有之候間心得兼テ相達候事」とある。

この布達は、今まで家や地域社会の意思を受けて堕胎や間引きを行ってきた産婆を取り締まり、出産管理権を国家へ移す試みでもあった。明治十五年（一八八二）には堕胎罪を規定した刑法が施行される。堕胎は、江戸時代から明治初年における出生調節の最も確実な手段の一つであると人びとに認識されていた。堕胎を犯罪とする考え方は、欧米先進諸国の生命尊重の精神のもとに蛮風を改める目的があったといわれる。しかし実際には、富国強兵・殖産興業のもとで豊富な産業労働力と兵力を国家が必要としていたと考えられている〔新村　一九九六　二四二～二四三〕。

「医制」にみる産婆の要件

明治七年（一八七四）の医療に関する基本を定めた「医制」には次のように記される。

「産婆ハ四十歳以上ニシテ婦人小児ノ解剖生理及ヒ病理ノ大意ニ通シ所就ノ産科医ヨリ出ス所ノ実験証書（【以下二行書き】産科医ノ眼前ニテ平産十人難産二人ヲ取扱ヒタルモノ）ヲ所持スル者ヲ検シ免状を与フ

（当分）従来営業ノ産婆ハ其履歴ヲ質シテ仮免状ヲ授ク但シ産婆ノ謝料モ第四十一條ニ同シ

（以下略）」

助産職が法令で規定されて産婆と産科医の業務範囲が明確になった。その条文には産婆の要件として専門知識と実地経験のことは規定されているが、性別云々の規定は見当たらない。「産婆＝女性」を当然と考えたので改めて明記する必要は無かったのだろうか。この医制は各地方の取締規則に委ねられることになった。それは明治二十三年（一八九九）十一月に内閣記録局からの照会に対する内務省衛生局の回答によって推察できるという（厚生省医務局　一九五五　二〇五～二〇八）。

産婆の業務は正常分娩の介助に限られ、薬剤・産科器械の使用が禁じられた。しかも産婆の営業資格については、四十歳以上で、婦人・小児の解剖生理および病理を学んだものとされた。四十歳以上という年齢制限を設けたのは、本人の出産経験も含め、出産介助の体験を重視した結果であろう。さらに産科医の目の前で平産十人、難産二人を実際に取り扱った経験の持ち主であることとした。経過措置として産婆を営む者がいない地域では、医務取締の見計で仮免状を授けることができたが、これは現状の産婆を追認し管理することでもあった〔西川 一九九七六二〕。ここで注意したいことは、産婆の要件として専門知識と実地経験については触れているが、性別云々はどこにも規定されていないことである。(5)

「産婆規則」にみる産婆の要件

産婆が全国レベルで統一されるのは、医制発布から二十五年後の明治三十二年(一八九九)のことである。この年に「産婆規則」が公布され、あわせて「産婆名簿登録規則」「産婆試験規則」が公布された。「産婆規則」の第一条には「産婆試験ニ合格シ年齢満二十歳以上の女子ニシテ産婆名簿ニ登録ヲ受ケタル者ニ非サレハ産婆ノ業ヲ営ムコトヲ得ス」とある。産婆は二十歳以上の女子で、一年以上産婆の学術を修業した者が地方長官の行う産婆試験に合格し、産婆名簿に登録を受けて産婆業務を営むことと規定された。こうして西洋医学の知識と技術を持った新しい近代産婆が誕生し、全国的に統一された資格と業務内容により、管理の一元化が図られることになったのである。

従来、内務省または地方官庁から産婆の免状を得ている場合に限り、六か月以内に履歴審査をして名簿搭載ができた。近代産婆がいない地域では地方長官が履歴審査をして業務名簿に搭載が可能であり、これを「限地開業」といい、経過措置として存在した制度である。その結果、大正期には一言で産婆といっても新旧の産婆が存在し、資格について見てゆくと、近代産婆は「試験及第」と「指定学校または講習所卒業」に分かれ、さらに旧産婆は「従来開業」と「限地開業」とに区分された〔西川　一九九七　六五〜六六〕。しかし、たとえば熊本県の産婆について考察した安田宗生によると、無免許産婆はかなり存在しており、その実態は不明という。無免許で出産にたずさわる者が産婆の弟子であるとか、代診で間に合う場合もあった〔安田　一九九七　一四〜一五〕。このように産婆制度が確立していく時代にあっても、地方に普及していくのは極めてゆるやかなものである。

本稿で問題にしている男性産婆は、明治七年の医制では男女の性別に関する記述が無いところをみると、男性も助産が認められていたことになる。当然トリアゲバアサンも許容されていた時代であった。そして明治三十二年の産婆規則制定以降は原則として男性には資格が与えられていない。しかし、経過措置としては容認されていたのである。[6]次に男性産婆の諸相をみてゆきたい。

3　男性産婆の諸相

各地の男性産婆

男性産婆は現在までに北は青森県から南は沖縄県まで各地から報告が集まっているが、事例の多くは東日本に片寄り、特に群馬県と新潟県に集中している。[7]それは私の居住する地域が群馬県であり、私の目が届く範囲という視野の狭さに起因することであり、探せば事例は増えるに違いない。次に主な事例を北から順に紹介してみたい。

【事例1】 山形県上山市中山のボサマ（須藤氏）、上山市竜沢（加藤福蔵、平左衛門）

① 上山市中山

上山市中山のボサマ（須藤氏）については同地の富田善男氏（明治三十八年二月生）と酒井兵吉氏（明治四十四年五月生）から聞いたものである。このボサマは米沢の太宰医者から技術を習ってきたそうだ。太宰医者というのは、今その跡は絶えているが、かつては米沢で著名な産科医であり、「難産」の時などは置賜一円の村々から迎えにこられた程だという。けれど太宰医者が果して医術をボサマに伝授したかどうかは疑問であろう。ともあれ、中山のボサマは上手だったといわれ、現にこれを語ってくれた富田、酒井の二氏も、この人からとりあげて貰ったのである。

〔木村　一九七一　四一〕

② 上山市竜沢

明治の末頃から、つい最近（終戦後）まで加藤福蔵、平左衛門父子が二代にわたってとりあげていたという。これはレッキとした目明きの例である。交通不便な山村のことであるから、経験を重ねた加藤氏がいつか産婆の技術を覚え、急の需要に応じていたのであろう。父から子に相伝されたというのは面白い。〔木村　一九七一　四二〕

【事例2】　福島県浪江町加倉のトリアゲジイサン

福島県双葉郡浪江町大字牛渡に住む山田清三（昭和五年生まれ）が昭和二十七年ごろ、明治十七年生まれの祖母とその妹が昔話に花を咲かせているときに、次のような話を聞いたという。妹が「アネー（姉）は加倉の藪医者のこと知ってんべー」と言ったときに、姉は「知ってるだよー。俺はおめえより年上だもの」と言いながら、「昔、おかしいことあったんだ。おめえ（妹）の嫁ぎ先の家でお産をする人がいて、加倉のお爺さんを頼んだ」と言い始めた。迎えに行って助産をしてもらい、無事終わってイロリに火をくべて暖まっていたところ、子どもたち（＝山田の祖母も加わっていたらしい）がおしっこ臭いと騒ぎ出した。すると、その加倉のお爺さんは「あわてていたのでバンバ（婆さん）のオコソ（腰巻き）をほっかぶりしてきた」と言ったので皆で大笑いしたという。山田の祖母が子ども時代にあった出産の日の出来事は、明治十七年生まれの祖母の年齢を勘案すると、年代としては明治二十年代後半にあたるであろう〔板橋　二〇一〇　三～四〕。

【事例3】　新潟県西谷村大字木山沢（石原与蔵）、東谷村大字栃尾（荒木八兵衛）

男の産婆　産婆規則第一條に依れば、産婆試験に合格し年齢二十歳以上の女子にして産婆名簿に登録したものにあらざれば産婆の業を営むことを得ずとあれば、産婆は必ず女子ならざるべからざるに、何処《どこ》を何《ど》うして間違ったものやら、新潟県古志郡内に男の産爺が二人あり、一人は西谷村大字木山沢石原与蔵（六十六）、今一人は東谷村大字栃尾荒木八兵衛（六十九）とて梅干爺なるが、二人とも立派に産婆名簿に登録しありて、是まで何年となく妊婦を取扱ひ居りしを、此程に至り警察部に於て、図らずも此両人の名前が係官の眼に触れ、之は奇体と古志郡役所に男女の区別取調方を照会されたり（河北新報　一九〇三）

【事例4】　新潟県湯沢町のゴロウジサ（原沢政一郎）

新潟県湯沢町に村人から原沢政一郎は、明治十八年（一八八五）三月六日、土樽村に生まれた。実母リンが取り上げ上手であり、それを見様見真似で習ったといわれる。リンは土樽村滝ノ又の南雲家から嫁に来たが、その母も助産術に長けていたという。南雲家は代々助産術をよくし整体なども施した。六算除けなどの呪術的医療を行う家筋であった。政一郎は「トリアゲジサ」とか「サンジイ」と呼ばれたが、年老いてからは「ゴロウジサ」の愛称で呼ばれた。これは屋号が「五郎左衛門」であり、「五郎左衛門宅のおじいさん」というほどの意味である。

ゴロウジサは、小太りで若いころはたいへん力持ちであった。年を取ってからひげを長く生やし、「ひげジイ」とも呼ばれた。ゴロウジサは五十代で妻に先だたれてしまったが、再婚せずに子どもたちを育てた。出産に関することは一切話題にしない口の堅い人であった。だからこそ長く続けられたのである。夜中に戸を叩く音がして、開けると「うちの子が生まれそうなんだけど、ゴロウジサ、ご苦労してくんないかい」と口上がある。すると、ゴロウジサは支度をして鞄を持って出かけた。孫の健（一九四三年生まれ）は、じいちゃん子でいつも一緒に寝ていて、布団から出て行くゴロウジサの姿を覚えているという。お産の取り上げを頼まれると、ゴロウジサは吹雪でも嫌だと言ったことはなかった。ゴロウジサは「俺は七八〇人を取り上げた」と語っていたという。

イナリ（居成り）が悪くなる妊婦は、ゴロウジサのところにやってきて治してもらった。座敷の布団の上で妊婦がサラシの腹帯をほどいて立て膝になる。ゴロウジサが正面に向き合い、腹をさすりながらイナリを治していく。昔の女性は出産間際まで働いていたのでイナリになりやすかった。ゴロウジサが両手でなぜると治るといわれていた。剣持フミ江は何度かイナリになってしまったのでゴロウジサに来てもらった。二十分もなぜると治ったそうである。

乳を張らした女性がやってくると乳を吸ってやった。乳は舌を巻いて吸うので大変疲れる。ゴロウジサが疲れると孫の健にその仕事がまわってきた。吸った乳は丼に吐き出した。子どもといっても歯があるので吸うのは大変であった。乳を張らした女性の乳を吸う仕事を手伝わされた孫の健は、「そういうものだと思っていたし、別にいやらしいと思ったことは一度もなかった」と語る。

ゴロウジサが行くと産婦は安心して産めたという。当時は寝て産む出産で、寝ているとゴロウジサがお腹を押さえてくれた。赤子の頭が下に向いていないと難儀するので、そちらへ向けてくれた。ゴロウジサは村人にとって命の恩人と言われている。「男性であっても安心感がある。気さくなオジイでお産をしても違和感はなかった」という。「ゴロウジサも気にしてねえ、診てもらうほうも気にしてねえ」という具合で、男性のほうが力もあってがっちりしていて良かったと話す人が多い。持ち歩いた鞄には消毒薬とへその緒を切るハサミなどが入っていた。これは湯沢の医者から譲ってもらったものであるという。ゴロウジサは赤子がでべそにならないようにへその緒を切るときには細心の注意を払った。出産に関して謝金は一切取らなかった。愛煙家だったのでお礼にタバコを持ってくる人や卵を持ってくる人があった。

ゴロウジサがいつから助産を始めたかは不明である。戦後、瑞祥庵に助産婦の免許を持った嫁がきた。この人がある日、ゴロウジサの家へやって来て「お産は資格のある人が取り上げることになっている」と話していった。そのとき、ゴロウジサはうなずいていたという。瑞祥庵の嫁が助産の仕事を始めてからも、ゴロウジサに頼みに来る人が絶えなかった。しかし、「俺も年取ったし、もう止めがあ」と言い、昭和二十五年(一九五〇)ころには自分の時代は終わりだと判断し身内だけを取り上げる程度になっていた。ゴロウジサの孫娘の一人(一九三一生まれ)は、昭和二十八年(一九五三)に結婚し、翌年女の子を産んだが、ゴロウジサはこのひ孫を取り上げている。これが最後の取り上げであるといわれる。

昭和四十四年(一九六九)年一月五日、ゴロウジサは布団の中で按摩機を使用中に亡くなった。後生のよい死に方で数え八十二歳だった。この年は積雪が多かったので仮葬し、雪が溶けた四月十日に本葬をした。本葬にはゴロウジサに赤子を取り上げてもらった女性たちが多数参列した〔板橋 二〇〇二〕。

【事例5】 新潟県松之山町（志賀卯助の父）

父はいろいろな仕事を転々としたあと、私が物心ついたときは、産婆を生業《なりわい》としていました。当時、男は産婆を禁止されていたのですが、腕がいいのと、お金ではなく米一升でお産を手伝ってくれるということで評判になり、わざわざ遠方から頼まれることがあったようです。警察からやめるようにいわれても、産婆がほとんどいない田舎では男でもしかたがありません。結局、松之山付近だけはよろしい、と黙殺されていたそうです。〔志賀　二〇〇四　三三～三四〕

【事例6】 群馬県渋川市北橘町上箱田の伍助ジイサン（通称石田伍助）

明治四十三年（一九一〇）、石田伍助の助産に関する功績を讃えた顕彰碑が建てられた。顕彰碑に「通称石田伍助、上箱田人也」と刻まれているように、伍助は通称で本名を「万造」という。弘化二年（一八四五）五月二十八日に生まれ、大正九年（一九二〇）五月九日に没した。享年七十六歳であった。

顕彰碑は、高さ二二二・五センチ。台石正面に「産子中」、塔身正面に「（家紋）伍嶽助産居士」、塔身左面には「通称石田伍助、上箱田人也、嗣曰万作既継家、伍助齢六十六、今猶矍鑠壮者、嘗受産術於真壁邨文婆、以施人乞其術平産者百有余人、父兄及産子徒相謀り合資、建碑以

伝于後云　明治四十三季十月　茂木詢書」と刻まれる。塔身裏面に「あなうれし、あなうれしきや、いし文に、栄誉のこれる、しるしなりせは」と歌が刻まれる。この短歌は、伍助が顕彰碑の建立を喜んで詠んだものである。歌のすぐ下に伍助と考えられる着物姿の人物線描がある。台石には、発起人九人、合資者として当所八〇人、台石下に当所二七人、山口一〇人、長井小川田一人、滝沢一人、三原田一人、田島二人、中箱田三人、真壁三人、米野二人、漆久保一人、上南室三人、一ノ木場三人、特別合資者六人、の合計一五二人が刻まれている。伍作に取り上げてもらった「産子」は北橘村だけでなく、富士見村や赤城村に及ぶ。

上箱田の石田イセ（大正十二年生まれ）は、伍助の後継者のともに赤子を取り上げてもらった。高齢で杖をついてやって来たのを覚えている。四人の子どものうち長女（昭和二十一年生まれ）と次女（昭和二十四年生まれ）は、ともに取り上げてもらった。布団を丸めてそれにかぶさるような姿勢で産んだ。腹部を強く押し後産を押し出すような方法だったが、腰をしっかり持ってくれるので楽だったという。また、出産後にアトバラ（後腹）が痛いとき、ともは調合した薬草を持ってきてくれたが、その薬草はよく効いたという〔板橋　二〇〇三a〕。

【事例7】　群馬県渋川市北橘町箱田のトリアゲジイサン（戸部忠作）

「戸部忠作は、「男ながら産婆の名人」と呼ばれた人物で、明治十二年（一八七九）十一月二十二日に弥三郎・ぜんの二男として生まれた。長男の作太郎は農業を継がず家を出たので、二男の忠作が家督を継いだ。母ぜんは、安政元年（一八五四）七月二十三日の生まれで、昭和四年三月二十六日に数え七十六歳で死亡している。ぜんは農業のかたわら小間物を背負って売り歩いた。赤子の取り上げが上手であったと伝える。

母親のぜんから助産術を習った忠作は、赤子を取り上げるようになり、村人から「トリアゲジイサン」と呼ばれた。忠作は子どもが好きで、村人から「忠さん」の愛称で親しまれた。箱田の人たちは忠作の世話になった。また、忠作は「北向きの忠さん」と呼ばれるほど頑固な一面もあったという。

根井とり（大正二年生まれ）は、昭和十五年（一九四〇）に隣村の富士見村時沢（現前橋市）から嫁いできた。初子は実家で出産する習わしであるが、実家の母と姉が既に亡くなっていたので婚家で出産することにした。義母たちから「この近所の者は皆忠さんにお世話になるんだよ」といわれた。男性産婆をさほど不思議に思わず「そういうものか」と思った程度だった。とりは第一子を昭和十六年に生み、忠作に取り上げてもらった。忠作は産婦のいる家に手ぶらで来た。左利きの器用な人であったという。そして、その翌年に規則が変わり、正規の近代産婆に頼まないと妊産婦手帳がもらえないというので、とりは昭和十七年以降の子はすべて近代産婆を頼んだ。

忠作が出産に携わり始めた時期は不明であるが、亡くなる前年まで取り上げていたという。忠作は昭和二十六年（一九五一）五月十五日、脳溢血で死亡。数え七十三歳だった。葬式は盛大で、家から墓地まで一〇〇メートルほどあるが、葬列の先頭が墓地に着いたとき、最後尾の人はまだ庭にいたというほどであった。死後も墓石にはときどき花が供えられていた〔板橋　二〇〇三a〕。

【事例8】 群馬県前橋市粕川町込皆戸のトリアゲジイサン（中谷金造）

中谷金造は村人から「トリアゲジイサン」と呼ばれていた。位牌によると、昭和十七年（一九四二）七月二日に数え七十七歳で没している。没年から計算すると慶応二年（一八六六）の生まれである。本職は伯楽（馬医者）で馬の病気を治したりした。込皆戸だけでなく近隣の宮城村大前田や粕川村新屋からも赤子の取り上げを頼まれた。

昭和十年代になると、「頼まれても行かないほうがいいよ。法律が変わったんだから捕まっちまうよ」と注意されていたし、彼の晩年は中気で半身不随になったが、それでもトリアゲジイサンに取り上げをしてもらおうと、リヤカーを牽いて迎えに来る家もあったという。出産介助でお礼をもらうことはなく、タバコが好きだったのでタバコ銭として謝礼をする家もあったが、お七夜に赤飯を蒸かしてお礼に持ってくる家が多かった。

込皆戸の女性たちは男性である中谷金造に赤子を取り上げてもらうことに何ら違和感を持たなかったようである。伯楽を生業としていたことから、馬の病気を治したり、出産に関わるなど、獣医としての技術と知識は該博なものがあったと推察できるのである〔板橋　二〇〇二〕。

【事例9】 群馬県館林市赤羽長竹のコトリドン（松本伊三郎）

コトリドンこと松本伊三郎は、万延元年（一八六〇）七月十二日生まれ、昭和十一年（一九三六）一月二十四日に亡くなった。七十七歳であった。伊三郎は「コトリドン」「コトリの伊《い》三《さ》さん」「長竹のコトリ」と呼ばれていた。地元だけでなく、板倉町岩田などにも頼まれて赤子を取り上げに出かけていた。伊三郎は取り上げるのが上手であった。取り上げの謝礼はオボシメシ程度で、お金に困っている家からは謝礼を一切取らなかった。

村田福宝（大正八年生まれ）によれば、伊三郎は気持ちが優しく、子どもの面倒をみるのが大変上手な人で「コトリのおじさん」と呼んでいた。村田は成人してから伊三郎がコトリになるきっかけについて親に尋ねたことがある。親の話では、近所に遊びに行っていたとき、その家の嫁が急に産気づいてしまい、取り上げられる人がいなかったので仕方なく取り上げたのが始まりだということ。男性がコトリをしたので評判になり、次第に助産を頼まれるようになったという。その後、男性が女性に手をかけるというのはよくないからやめるようにと警察から沙汰があった。しかし、その後も村人が頼みに来るので内緒でコトリを続けていたらしい〔板橋　二〇〇三ａ〕。

【事例10】 静岡県静岡市（高田城浪）、榛原郡（福田周蔵）

「静岡市産婆組合を創設しその初代会長となったのは、高田城浪という盲目の男であった。この高田という人物は「産にかけては神のごとく万人に思はれて居た」（一九一〇年三月六日第三面「変った生活十三」）という。また、榛原郡産婆会長をつとめる福田周蔵（七〇歳）という盲目の産婆が、男であるということで、一九二二年（大正一一）九月、県衛生課からその認可をめぐり問題とされた。しかし、この福田周蔵は一八八五年（明治一八）から開業してきたために、県衛生課が内務省に問い合わせたところ、内務省が公認するように指示したということであった（一九二二年九月二三日第三面「問題とされた本県の男産婆を公認」）。郡市の産婆会長を盲目の男がつとめていたこと、こうした事実じたいが、「産婆規則」浸透以前には、男の産婆が地域社会に存在し、しかも有力な産婆であったことを示している。」〔岩田　二〇〇九　二〇七〕

【事例11】 三重県松阪市（達原卯吉・山本玄斎）

①　松坂新座町で達原卯吉が男産婆と呼ばれて助産を行っていた。資格を持つ産婆を三名ほど置いて出張させてはこの地方での助産に信用を得ていた。卯吉は京都で水原流という産科を学び医師にならず助産夫として働いた。妻も長男の嫁も、孫の嫁も三代続いて産婆であった。長男の嫁達原ためのは飯南産婆会の役員として活動した。現在孫の勝一の幼時まで存命していたが、ここに働いていた大森律も後に一志産婆会の役員を務めていた。〔三重県看護史編纂委員会　一九八七　三二〕

②　松坂の新座町で男産婆をしていた達原宇《ママ》吉と並んで明治・大正・昭和の初めにかけて男産

婆をしていた山本玄斎がある。父は山本玄仲（勝茂）で藤堂藩医であった。玄斎は安政一年一月十三日生まれ、小石川の病院で橋本拙斎に学び、松坂に移って中町五丁目（職人）で開業した。昭和八年二月十六日没。山本玄仲―玄斎―昌生―昌郎、玄斎のあとは襲業せず。〔三重県看護史編纂委員会　一九八七　四〇〕

【事例12】　沖縄県島尻郡のトリアゲジイサン

「私たちが開業しない前はねえ、助産婦じゃなく男の人がしたりいろんなことやっておったから、やっぱり感染とかもありましたね。昔はよ。男の人が取り上げて。取り上げ爺さんて言って、南風原村の兼城（カネグスク）にいましたよ。そこで「あんた誰に取られたの」って言ったら「たんめーが」っていう人もいるしね、「おじいが」という人もいましたですよ。いくつもお産を手伝って取り上げてたんでしょうね。男の人のお産させる人はですね、やっぱし昔のもうただ度胸で、「さあー、んーんーんー」うならしてた。だから会陰裂傷がものすごかったですよ。会陰裂傷してから、私たちを呼びに来る人が多かったですからね。（中略）取り上げ爺さんは臍の緒を切ってやった人もいたみたいですね・切らなかった人は、上から押すために来たんじゃないの。」〔リボーン編集部　二〇〇八　一五一～一五二〕

男性産婆の事例分析

【事例1】は、木村博が山形県における男性産婆について聞き書きを行った報告で、当時、木村は「全国的に見ても、〈男の産婆〉などはあり得る訳はないとも思う」と記しており、男性が助産に携わる話をにわかに信じられなかったようである。木村のレポートは、男性産婆の存在に対する驚きと、それに関する問題提起であった。木村は、明治末年から大正初めころまでトリアゲに従事したボサマの聞き書きをした。同じ村には女性の産婆もいたが、昔からのトリアゲバアサンに出産介助をしてもらう人が多かったのでほとんど仕事がなかったと報告している〔木村　一九七一　四一〕。同時期の同じ村に男性産婆、トリアゲバアサン、そして有資格産婆の三者が併存していたことになる。

【事例2】は『浪江町史別巻Ⅱ浪江町の民俗』に「山里など不便な土地で生活していた人や、産婆さんを呼ぶのに間に合わない時など、夫がとりあげた場合もあった。明治の初め頃、加倉にトリアゲジンサンもいたという」〔浪江町史編纂委員会編　二〇〇八　五二〕と記された報告の追跡調査の結果である。

【事例3】は、明治三十六年（一九〇三）四月七日付の「河北新報」であり、当時も話題になったニュースだったと思われる。「是まで何年となく妊婦を取扱」っていた男性産婆（ここでは「産爺」）が産婆規則制定後の産婆名簿の中に存在していたという記事であり、各地の産婆名簿の確認作業が残された課題であることを示している。

【事例4】は、新潟県湯沢町のトリアゲジサの事例で、現時点では最も充実した聞き書きができた。記憶の中に生き生きとしていた時代の人物で、まじないにも長じていた。

【事例5】は、新潟県松之山町の事例で、剥製王と言われた志賀卯助の父は、彼が物心ついたころときは、既に産婆であったという。「当時、男は産婆を禁止されていた」とあるが、志賀の生年などから推測するに明治四十年ころの話で、明治三十二年の産婆規則以降のことである。助産技術に長けていたようであり、謝礼は米一升という。

【事例6】は、群馬県渋川市北橘町上箱田の伍助ジイサンの事例で、彼は明治四十三年（一九一〇）、生前に顕彰碑が建てられた。その顕彰碑によると、通称石田伍助は、弘化二年（一八四五）五月二十八日に生まれ、大正九年（一九二〇）五月九日に没している。享年七十六歳であった。六十六歳のときに産子中ら一五二人が資金を出し合って建立したもので、顕彰碑には彼の姿と歌が刻まれる。同村内のみならず周辺地域にも助産に出向いていた様子が窺える。

【事例7】は、【事例6】と同じ村であるが、時代的には下がる。トリアゲジイサンと呼ばれた戸部忠作は、「男ながら産婆の名人」と呼ばれた人物で、明治十二年（一八七九）十一月二十二日に生まれ、昭和二十六年（一九五一）五月十五日、脳溢血で死亡。数え七十三歳だった。母親から助産術を習った忠作は、赤子を取り上げるようになり、村人から「トリアゲジイサン」と呼ばれた。忠作に赤子を取り上げてもらった根井とり（大正二年生まれ）は、昭和十五年（一九四〇）に隣村の富士見村時沢から嫁いできたが、第一子を昭和十六年に産むとき、実家の母と姉が既に亡くなっていたので婚家で生むことにした。義母から「この近所の者は皆忠さんにお世話になるんだよ」と言われたが、男性産婆をさほど不思議に思わなかったという。その翌年に規則が変わり、正規の産婆に頼まないと妊産婦手帳がもらえないというので、彼女は昭和十七年以降の子はすべて産婆を頼んだ。忠作の葬式は盛大で、家から墓地まで一〇〇メートルほどあるが、葬列の先頭が墓地に着いたとき、最後尾の人はまだ庭にいたというほどであった。

【事例8】は、群馬県前橋市粕川町込皆戸の中谷金造で、彼は村人から「トリアゲジイサン」と呼ばれていた。本職は伯楽（馬医者）で馬の病気を治したりしていたが、込皆戸だけでなく近隣集落からも赤子の取り上げを頼まれた。昭和十年代になると、「頼まれても行かないほうがいいよ。法律が変わったんだから捕まっちまうよ」と注意されていたし、彼の晩年は中気で半身不随になったが、それでもトリアゲジイサンに取り上げをしてもらおうと、リヤカーを牽いて迎えに来る家もあったという。

【事例9】は、群馬県館林市赤羽長竹のコトリドンの事例で、コトリドンこと松本伊三郎がコトリになるきっかけは、近所に遊びに行っていたときにその家の嫁が急に産気づいてしまい、取り上げる人がいなかったので緊急的に取り上げたのが始まりだという。男性がコトリをしたので評判になり、次第に助産を頼まれるようになったという。男性が助産をするのはやめるようにと警察から沙汰があったが、昭和十一年に亡くなるまでコトリを続けていたらしい。

【事例10】は、静岡県静岡市と榛原郡の事例で、静岡市産婆組合の初代会長は盲目の男性産婆であったという。彼は「産にかけては神のごとく万人に思はれて居た」という。また、榛原郡産婆会長も盲目の男性産婆であるために、一九二二年（大正一一）九月、県衛生課からその認可をめぐり問題とされた。県衛生課が内務省に問い合わせたところ、彼は明治十八年から開業していたので内務省が公認の指示をしたという。明治三十二年以前に営業していたということで容認したと思われる。

【事例11】の三重県の事例は、明治後期に活躍した人物である。「男産婆」という言葉が使われており、「助産夫」として認知され、医師の資格に近い技術と知識を持っていたらしい。二人の男性産婆は近代産婆とある程度の連携をとり、そのうちの一人である達原卯吉は「お産の神様」とまで言われていた。

【事例12】は、沖縄県島尻郡南原村出身で、明治四十四年生まれの助産婦（我謝光子）からの聞き書きである。日本助産婦会沖縄支部初代会長を務めた人である。トリアゲジイサンに関しては衛生思想がまったく欠如していたと好意的に語っていない。

4 男性産婆の活躍とその時代

男性産婆の類型化

男性産婆は、現時点では類型化を試みるほど十分な事例数が得られていないが、あえて大雑把な類型化を試みるとすれば、次のようになるであろう。

1 助産の系譜　医師の技術を身につけた人もいた。【事例1】のように太宰医者なる専門家から習ったり、あるいは【事例6】の伍助ジイサン（通称石田伍助）は「嘗受産術於真壁邨文婆」とあるように、トリアゲバアサンから助産術を習ったりしている。【事例11】の三重県松阪の達原卯吉は、京都で水原流という産科を学び医師にならず助産夫として働いたというし、山本玄斎も医術を学んでいる。医術の系譜と経験に基づくトリアゲバアサンの系譜の二通りが認められる。

❷ 技術・知識

男性産婆の多くは経験豊かであり、助産術は女性の近代産婆と比べても遜色がなかったようである。【事例4】の新潟県湯沢町のトリアゲジサは戦後まもなく開業した近代産婆が苦情を言いに行くほど上手であった。トリアゲジサもそうであったが、男性産婆は「神の如く」と呼ばれる人が少なからずいたようであり、その技術と信頼度は高い。

大きな手、力のある身体などは男性の特徴であるが、それが良い方向で利用されている。男性産婆が盲目であること（青森・山形・静岡の事例など）は、羞恥心を感じさせないという説もあるが、それは現代的思考であると思う。

❸ 男性の意味

男性産婆が助産に携わるきっかけは、母親がトリアゲバアサンであった、助産術を何らかのきっかけで会得した、妊婦が突然産気づいてしまった、というように必ずしも一様ではない。男性産婆がどのように赤子を取り上げたかはほとんど聞くことができない中にあって、【事例6】の渋川市北橘町上箱田の石田イセ（大正十二年生まれ）からトリアゲバアサンの系譜と考えられる出産法を聞き書きすることができた。イセは実家に母親が亡くなっていたので実家に帰らず婚家で産んだ。長女（昭和二十一年生まれ）と次女（昭和二十四年生まれ）の二人は石田伍助の後継者ともに取り上げてもらった。このときの出産は、丸めた布団にうつむきになって産む方法であった。腹部を強く押してノチザンを出す方法であったが、腰をしっかり持ってくれるので楽だったという。下の二人、すなわち長男（昭和二十七年生まれ）と次男（昭和二十九年生まれ）の出産のときは村内の近代産婆を頼んだ。このときは寝て産むやり方であった。近代産婆よりも石田とものの助産術のほうが楽な出産ができたと語っている。出産後にアトバラ（後腹）が痛いときなどに、ともは薬草を調合してくれたが、それがよく効いたという。

また事例を見る限り、女性たちの男性産婆への信頼は驚くべきものがある。それは伍助ジイサンの顕彰碑や戸部忠作の葬式の記憶からも明らかであろう。男性産婆は、経験が豊富であるために未熟な近代産婆よりも取り上げが上手で、力があったので楽だったという。男性産婆は、地域の女性たちにどのように見られていたのか。これが実は意外と分からない。男性産婆に取り上げてもらった人の多くは鬼籍に入っており、十分な調査が行えない。【事例7】の渋川市北橘町箱田の戸部忠作に取り上げてもらった女性によれば、「忠さんに頼む」という感覚はごく自然で、男性云々のこだわりはなかったというから、当時は男性産婆の存在について、現代人が考えるほど違和感はなかったようである。

伝統的助産術と近代的助産術

男性産婆やトリアゲバアサンが持つ伝統的助産術は、近代産婆による近代的助産術に取って代わられていった。男性産婆の活躍した時期は、明治から昭和二十年代までと年代に幅がある。助産制度史との関連で注目したいのは、【事例7】の群馬県渋川市北橘町箱田の根井とりが語ったように、国が妊産婦手帳の交付を始めたことであろう。彼女は第一子を男性産婆に取り上げてもらったが、近代産婆に頼まないと妊産婦手帳が交付されないというので、第二子以降は免許のある近代産婆に出産介助を頼んだ。昭和十六年に保健婦規則が公布され、その翌年から妊産婦手帳が交付されるようになり無免許の産婆が排除される時代である。

明治時代の男性産婆である石田伍助に関しては、既に伝聞の領域となっている。それ以降の男性産婆に関しても、その存在を記憶する人はみな高齢であり、今後は聞き書きによる再確認がきわめて困難になるだろう。その意味でも男性産婆は人びとの記憶から忘れられようとしている。【事例9】の館林市のコトリドンは、男性が女性に手をかけるのはよくないからやめるようにと警察から沙汰があったにも関わらず、村人が頼みに来るので内緒でコトリを続けていたと伝える。同様の話は、【事例8】の前橋市粕川町込皆戸の中谷金造も捕まってしまうからやめるようにと家族から言われたが、妊婦たちは身近で上手な出産介助者である男性産婆を頼った。館林市の事例が示すように、昭和十年代に入ると保健衛生を管轄していた警察の管理監督が厳しく、近代産婆の進出とともに男性産婆の活躍の場は徐々に狭まったと考えられる。

近代産婆制度は、妊産婦死亡率と乳幼児死亡率を大きく減少させる役割を担ったが、一方で戦争中の子宝政策と深く関わり近代産婆の増員につながった。その時期にわずかに残る男性産婆の存在は警察当局に黙殺され続け、助産は女性の仕事という認識が強くなっていったと考えられるのである。

以上のような男性産婆はわが国だけでなく、よく似た事例が中国西双版タイ族自治州のタイ族においてもみられる。中国では国策もあり出産に関しては医療化が進んでいるが、自治州のタイ族ではわが国の昭和二十年代を想起させるような自宅出産が少なからず行われ、特に男性産婆が活躍していたことが知られている。彼らは地域社会にいた先輩の男性産婆のもとで助産法を学び、その技術を継承してきたが、近年は医療化の波に呑まれて少数派になりつつあるという。男性産婆は、助産と出産時の危機回避つまり難産に対処する役割を持たされ、呪術的な側面を持っていた。それに対して近代医療者はそれらを排除する急尖兵であった。そして男性産婆は女性たちの産む力を支える存在であったが、伝統的な出産の専門家として位置づけられ、将来的にはその助産術は消滅するとされている〔磯部　二〇〇七b　一三三～一四六〕。

この中国西双版タイ族自治州のタイ族における男性産婆の場合、父親の影響で助産を始めたり、妊婦と立ち話をしていたら急に産気づいたために必要に迫られて助産を行ったことがきっかけという例も見られる。男性の場合は特別な学習経験がなければ基本的には助産を行うことはできないのである〔磯部　二〇〇七a　一三～一九〕。

男性産婆が助産に携わるきっかけをみてゆくと、母親がトリアゲバアサンであったり、助産術を何らかのきっかけで会得する環境にあること、あるいは館林のコトリドンのように産気づいた妊婦に対処する過程で助産術を会得し評判を得るケースである。わが国と中国少数民族の事例はきわめて類似していると言えよう〔板橋　二〇一〇a　八～九〕。

5　男性産婆と羞恥心、そして仕事

男性産婆と羞恥心

女性が男性に乳房を見せたりさわらせたりするのは、医療者や家族など限定的な関係が前提としてある。そして現代社会においては、異性に乳房や性器を触れさせるには特別な信頼関係が必要となることは言うまでもない。医師であれば男性であっても診療や治療行為として産婦の乳房や性器に触れられるが、もちろん受ける側の女性は、それらを医療行為として当然のことと受け止めるであろう。しかし、出産後に続く性的羞恥を伴うとされる産婦へのケアなどを、あえて男性にゆだねることができるかという問題が、現代の男性助産師導入における大きな課題とされている。そこで羞恥心という概念が重要になってくる。恥ずかしいと思えば誰でも恥ずかしいものであるが、【事例4】の新潟県土樽におけるトリアゲジサの産婦に対する出産介助をみると、必ずしも男性だから恥ずかしいということはなかったように思われる。現代社会における羞恥心と当時の人びとが有していた羞恥心とは、かなり異質なものであった〔板橋　二〇〇八〕。

男性産婆に共通する性質として、無口で口が堅い、信心深い、子ども好き、手先が器用、などの特色が挙げられ、そのために女性が男性産婆に乳房を見せたり、場合によっては乳を吸わせたりしても違和感は無かったと多くの伝承者が語っているのである〔板橋　二〇〇二　四二〕。男性産婆が活躍した地域においては、むしろ男性産婆に見てもらうのが当たり前という感覚があった。この当たり前と感ずる感性こそ、男性産婆が地域社会に受容されていることを示すものであり、それが羞恥心を感じさせない大きな要因であると考えられる。羞恥心の問題は周囲の認識やイデオロギー、あるいは環境によって常に変化するものであり、男性産婆の研究を進めるには、羞恥心とジェンダーの問題は避けて通れないテーマであろう〔板橋　二〇一〇b　四二〕。そして羞恥心という価値観については、時代差を十分に把握する必要がある。少なくとも現代の価値観で理解してはいけない。つまり現代の「当たり前」と過去の「当たり前」は違うことを認識しておく必要がある。

男性産婆の仕事

出産介助の仕事を女性の聖域にしておくべきか。新潟県松之山町の男性産婆は、さまざまな仕事を転々としたあと、明治四十年代に産婆をなりわいとするようになった。その経緯は不明であるが、彼は出産に関する腕がよく、お金ではなく米一升でお産を手伝ってくれるのが評判になり、遠方からも頼まれたという。少なくとも、地域に暮らす産婦からはきちんと受け入れられていたからこそ生活が成り立っていたのである。

男性は女性と比べると比較的簡単に仕事に就けた。予測のできない時間に出産があるなど、出産介助は決して楽な仕事ではない。明治初期というのは、ある意味では下級専門職の確立期にあり、そのような時期にアマチュアを排除する傾向がみられる。男性産婆は取り上げが上手であったという伝承が各地に残るだけでなく、医者との連携もある程度は存在したようである。

男性助産師の場合、生殖器に関するケアが一番問題にされる。生殖器に関するケアは排泄も含まれ、近年は介護施設においても同性介護が原則という施設が増えている。ここで問題になるのは、痴呆の高齢者、生まれたばかりの赤子、植物人間であれば性別は考慮されなくてよいのかという現実的な課題も残る。また、内診の際に男性助産師は妊婦から忌避されるのではないかという問題も残る。

しかし、女性のことは女性が一番分かるという論理や羞恥心の問題など、いくつかの要素が複雑に混じり合った結果として、男性産婆の存在が認知されていないのは問題が残る。アメリカ、イギリス、フランス、オーストラリアなど先進諸国においては、既に男性助産師が認められ、数は少ないながらもそれぞれ活躍しており、そこには性差を超えた一つのあるべき姿があるように思われる〔船橋　一九九四　一七五～一七六〕。

まとめと課題

男性産婆の存在理由はどこにあるのだろうか。出産に伴う経費をみると、トリアゲバアサンの時代は無償であり、国家政策に基づく有資格の近代産婆が活躍する時代には出産介助の有料化が進んだ。近代産婆は近代衛生観念のもとに安全な出産を確保するように努めるが、その代わりに出産に伴う経費と労働の対価は必要とされたのであった。そのような中で男性産婆はトリアゲバアサンと同様に、基本的には無償で出産介助にあたっていた。

男性産婆は明治末年以降、法令に抵触するためにその存在が問題とされてきたが、男性が出産に関わっていたのは決して特殊な事例ではなかった。むしろ男性の出産介助者を特殊なものと認識させたのは、近代産婆制度確立の結果と言える。そして、出産介助者は女性に限るという言説は、近代に入って創られた伝統であると考えられ、これを実証してゆくことが私に課せられた大きな課題である。

新潟県松之山町の男性産婆に関する素朴な問題は、当時仕事に窮した男性がわざわざ出産介助の仕事に就くようになったのはなぜかという点である。その疑問を解く鍵は、盲目の男性が助産に携わった事例に求められるかもしれない。視覚障害の男性が助産者である場合が数例報告されているが、視覚障害の男性は昔は按摩マッサージなど仕事の範囲が限定されていた。そのようなハンディキャップのある人が働ける分野の一つに、助産があったのではなかったか。まずはそのような仮説を提出しておきたいと思う。もちろん出産は目で取り上げるのではなく、手で取り上げるものといわれる。手先が器用であることが大事であり、目が見えるか見えないかは問題ではないという説もある。しかし、視覚化される女性の身体を考えた場合、目が不自由であるというのは近代的な論理かも知れないが、妊産婦たちに受け入れられやすいとも考えられる。

出産は差別の問題と深く関わる。助産が血のケガレから差別視された時代や地域があった。その歴史も視野に入れて研究していかねばならないと思う。まずは男性産婆の全国的規模の存在確認が緊急の課題である。昭和時代に入ると全国各地で女性の近代産婆が活躍するようになり、旧来から存在していたと推測される男性産婆の活躍の場が減少し、やがて消滅に向かったと考えられるからである。事例の集積[8]を計りながら、男性産婆の存在意義について、近代出産文化史という大枠の中で捉えながら、個別具体的な地域の中で、人びとが男性産婆をどのような視点で見ていたのか、生み出した背景にも迫ってみたいと思う。そして、これからも地域性と歴史性に留意しつつ、以上のような課題や仮説を一つひとつ解決していきたいと念じている。

《注》

（1）佐々木美智子『二十一世紀のお産を考える―二〇〇〇年男性助産婦導入問題から―』（岩田書院）には、それぞれの立場からの意見が載り参考になる。

（2）本稿で取り上げる「男性産婆」であるが、地域によってトリアゲジサ、トリアゲジイサン、トリアゲジジイ、コトリドン、ボサマ、男産婆、などの呼称が知られる。それをあえて「男性産婆」とするのは次のような理由からである。産婆という用語は「婆」という字が表すように出産介助に関わる女性を意味するが、男性の助産者には適切な用語が用意されていない。実は用意されていないこと自体が出産介助に男性が期待されていない、あるいは出産の現場に男性の助産者が専門的に立ち会うことが少なかったことを意味すると考えられる。

　明治元年から公式に使われ始めた「産婆」の用語は、女性性を超えて出産介助の専門家という意味合いがあると思われるので、私は「男性助産者」あるいは「男性出産介助者」などとせずに、「男性の産婆」という意味で「男性産婆」を学術用語として用いることにした。男性剣士と言えば男性が当たり前だったので、女性の剣士は珍しく、わざわざ「女剣士」と称するのに似ている。「女相撲」も同様であろう。それと同じように「男性産婆」を用いるのである。

　ジェンダーの立場からみると、「産婆」という年老いた女性をイメージさせる呼称の使用自体が問題であるかもしれないが、歴史的経緯をふまえた上で、あえて使用していることを明記しておきたい。最近、八木透は「男性助産者」の用語を使用している〔八木　二〇〇八　七六〜八九〕が、私は以上のような観点から「男性産婆」を「夫以外で、出産介助をやや専門的に行って地元の妊産婦たちから信頼される助産に関する知識と経験を兼ね備えた男性」と定義して、学術用語として使用していることを明記しておきたい。

（3）夫をはじめ男性の関与は、近世のみならず近代に入っても比較的近い時代まで認められるし、またセミプロとして助産に従事した男性の存在についての報告も既になされており、私の調査報告が初めてではないことを承知している。その上で、民俗学の研究対象にすべきであると考え、あえて「発見」の語を用いた。社会科学や人文科学における「発見」は、自然科学分野のそれと異なり、再認識という程度のものであるが、認識を新たにすることで調査研究の深まり効果が期待できるし、ジェンダー的視点の導入によって従来の常識的見解に修正を迫れると考えた。

(4) 近年、この「産婆取締方」と呼ばれる法令の名称は果たして適切なのかという疑問が投げかけられている(大林道子「明治元年の産婆取り締まりの意図(前編・後編)」『助産雑誌』六三巻三号、四号、二〇〇九年)。私はそれに刺激を受けて、國學院大學図書館で『太政類典』のマイクロフィルムを検索する機会をもった。同図書館スタッフの協力で第一編八十一巻「保民、衛生」の項に関連するくだんの布達などを探し出し確認することができた。産婆の取締は、まず東京府が明治元年九月に堕胎薬を扱うことを禁止する達しを出したことに端を発していることがうかがえた。そして同年十一月には、「(三重県)度会府上申」という形で「堕胎婆」の存在とその禁止を訴え、堕胎は殺人罪であると強く主張するに至る。このような背景のもとに同年十二月二十四日、今日私たちが一般に「産婆取締方」と呼ぶ布達が出されたと推察される。しかし、一般に知られる「産婆取締方」ではなく、表題には「産婆売薬ノ世話又堕胎ノ取扱ヲ為スヲ禁ス」とある。本稿ではその点を確認するにとどめ、別稿で論じてみたいと思う。次に関連する史料を掲出して参考に供したい。

『太政類典第一編第八十一巻』(自慶応三年至明治四年七月)

保民　衛生

元年九月
妊娠ノ子ヲ堕胎セシメ又ハ薬ヲ与ヘ謝金ヲ貪ルノ悪弊ヲ除カシム

東京府布達

人民ヲ繁育シ五倫ノ道ヲ敦クスルハ当世之御急務ニ候処ヲロシ薬ト唱妊娠之子ヲ堕胎イタシ又ハ薬ヲ与ヘ謝礼之金銀ヲ貪リ家業同様ニ致シ居候者モ有之由人倫ニ有之間敷儀教化ヲ破リ風俗ヲ害シ以之外之事ニ候右体之悪弊一洗相成兼候ハ全町役人共等閑故ノ儀ト相聞候間以後人民繁育之御趣意厚ク相心得末々ニイタルマテ精々申諭シ倫理ヲ失ヒ候儀無之様可致候万一此上右様之及所業候者有之ニ於テハ速ニ召捕吟味之上当人共ハ不及申其始末ニ寄町役人共ニ至候テモ急度咎可申付候

右之趣町中不洩様可触知者也　元年九月

東京

元年十一月
度会府天下一般堕胎ヲ禁センコトヲ請フ

度会府上申

従来民間ニ於テ堕胎ノ悪弊御座候処当府支配中ナトハ公然ト堕胎婆ト申者サヘ有之苦々敷次第ニ候何卒天下一般至急ニ御厳禁被為成度尤向後堕胎婆ト申者ハ殺人ノ罪ニ準シ申度存候事

元年十二月二十四日
産婆売薬ノ世話又堕胎ノ取扱ヲ為スヲ禁ス

近来産婆ノ者共売薬ノ世話又ハ堕胎ノ取扱等致シ候者有之由相聞ヘ以ノ外ノ事ニ候元来産婆ハ人ノ性(生)命ニモ相拘不容易職業ニ付仮令衆人ノ頼ヲ受無余儀次第有ノ候共決メ(ママ)右等ノ取扱致間敷筈ニ候以来万一右様ノ所業於有之ハ御取糺ノ上屹度御咎可有之候間心得兼テ相達候事　城

（5）　出産文化に関する基本文献の一つである吉村典子『子どもを産む』（岩波新書）には「医制（一八七四）によって、『産婆は四〇歳以上の女子で、平産一〇人難産二人の出産を扱ったもの』と定めていた」（一二六ページ、傍線筆者）とある。医制には四十歳以上とあるが、女子とはどこにも記していない。条文の「婦人小児の解剖生理」を「婦人、小児の解剖生理」のように区切って読むと、間違うことはあるかもしれない。しかし出産に関わる箇所であるから「婦人・小児の解剖生理」という風に続くことを考えれば誤読は免れるはずである。従って、この部分は単純な誤りと考えておきたい。実はこのような誤読こそ先入観に陥っている証《あか》しであり、気をつけたい点でもあると言えよう。

（6）大林道子は、その著『お産—女と男と羞恥心の視点から—』の「男性助産婦をめぐるQ&A」の中で、看護職を女子だけに限っているのは男性差別ではないかという問いに対し、看護は女性の役割というのは性別役割分業の結果であるとしつつ、歴史的には戦場における看護人は男性が主流であったことや、幕末から明治に続く時代に男性が看護人になる例を紹介し、「助産婦に関しては、昭和の初年ごろまで、女の産婆の不在の僻地などにおいて、男性の産婆の業務権を内務省が認可している事例があり、男産婆は存在していた。法制度的に看護婦や助産婦を女性が独占するようになったのは、西欧化、近代化と無関係ではなく、受手の側の要望と一致した面が大きかったと思う」と述べる〔大林　一九九四　三二六〕。

（7）男性産婆の事例は、拙論〔板橋　二〇〇二・二〇〇三a・二〇〇三b・二〇〇八〕で各地の事例を報告してきた。それら四本の論文は若干の修正を加えて本書に収録している。

（8）埼玉県南埼玉郡の宮代町郷土資料館の平成十一年度企画展「子育ての祈りと願い」の展示資料に「大正初期に亡くなった男性のトリアゲバアサンがいたという伝承があります」と記され、それを受けた『宮代町史民俗編』には「東では大正時代に男性のトリアゲバアサンがいたという」と記される〔宮代町教育委員会　二〇〇三　四〇七〕。

《参考文献》

磯部美里　二〇〇七ａ　「西双版納・タイ族における産婆の創出」『中国研究月報』六一巻七号　中国研究所

磯部美里　二〇〇七ｂ　「自宅出産における出産介助者の相違—西双版納・Ｍ村のタイ族を事例として—」『現代中国』八一号　日本現代中国学会

板橋春夫　二〇〇二　「トリアゲジサの伝承—出産に立ち会った男たち—」『日本民俗学』二三二号　日本民俗学会

板橋春夫　二〇〇三ａ　「赤子を取り上げた男たち—群馬県における男性産婆の存在形態—」『群馬歴史民俗』二四号　群馬歴史民俗研究会

板橋春夫　二〇〇三ｂ　「民俗研究における伝承と記録資料—男性産婆の調査を例として—」『ぐんま史料研究』二一号　群馬県立文書館

板橋春夫　二〇〇八　「男性産婆の伝承—羞恥心とジェンダーを視野に入れて—」『群馬歴史民俗』二九号　群馬歴史民俗研究会

板橋春夫　二〇〇九　『叢書・いのちの民俗学1　出産—産育習俗の歴史と伝承「男性産婆」—』　社会評論社

板橋春夫　二〇一〇ａ　「男性産婆のいた時代—わが国における近代出産文化史の再構築のために—」『福島の民俗』三八号　福島県民俗学会

板橋春夫　二〇一〇ｂ　「男性産婆の発見—助産分野における性差と働き—」『史境』六〇号　歴史人類学会

井之口章次　一九五九　「誕生と育児」『日本民俗学大系』四　平凡社

井之口章次　二〇〇〇　『生死の民俗』　岩田書院

岩田重則　二〇〇九　『〈いのち〉をめぐる近代史』　吉川弘文館

大藤ゆき　一九六八　『児やらい』　岩崎美術社

大林道子　一九九四　『お産—女と男と　羞恥心の視点から—』　勁草書房

岡田照子　一九九八　「誕生と育児」『講座日本の民俗学6　時間の民俗』　雄山閣

恩賜財団母子愛育会編　一九七五　『日本産育習俗資料集成』　第一法規出版

河北新報　一九〇三　「男の産婆」『河北新報』

二〇七九号（明治三十六年四月七日付）
木村　博　一九七一　「奇習レポート男の産婆（とりあげ）」『民間伝承』三五巻一号
厚生省医務局　一九五五　『医制八十年史』　厚生省
佐々木美智子　二〇〇一　『二十一世紀のお産を考える―二〇〇〇年男性助産婦導入問題から―』　岩田書院
志賀卯助　二〇〇四　『日本一の昆虫屋』　文藝春秋
新村　拓　一九九六　『出産と生殖観の歴史』　法政大学出版局
浪江町史編纂委員会編　二〇〇八　『浪江町史別巻Ⅱ浪江町の民俗』　福島県双葉郡浪江町
西川麦子　一九九七　『ある近代産婆の物語―能登・竹島みいの語りより―』　桂書房
舩橋恵子　一九九四　『赤ちゃんを産むということ―社会学からのこころみ―』　日本放送出版協会
三重県看護史編纂委員会　一九八七　『三重県看護史』　社団法人三重県看護協会
宮代町教育委員会編　二〇〇三　『宮代町史民俗編』　埼玉県宮代町
安田宗生　一九九七　「明治期の産婆養成について―熊本県の新聞を中心として―」『史境』三五号
吉村典子　一九九二　『子どもを産む』　岩波書店
吉村典子　二〇〇八　「四国山地・上須戒の出産民俗史―夫婦共同型出産習俗にみる安産への視線―」『国立歴史民俗博物館研究報告』一四一集　国立歴史民俗博物館
リボーン編集部　二〇〇八　『にっぽんの助産婦・昭和のしごと』　リボーン
和田文夫　一九七八　「夫のつわり」『講座日本の民俗3　人生儀礼』　有精堂

コラム

産屋の調査から

敦賀半島の産小屋

福井県敦賀《つるが》半島に産小屋《さんごや》が現存する。立石《たていし》と色浜《いろがはま》の二か所である。松尾芭蕉「おくのほそ道」によると、芭蕉は敦賀で八月十五夜の名月を観賞しようとしたが、曇ってしまい月見を果たせず残念に思っていたところ、翌日は秋晴れになったので、貝拾いでもしようということになった。敦賀の廻船《かいせん》問屋《どんや》である天屋五郎右衛門が、弁当やお酒などを用意して大勢の従者とともに、船で色浜（「おくのほそ道」では「種の浜」と書かれる）へと向かった。

敦賀市色浜の産小屋外観

＊

到着した色浜の海岸は漁師の小家が点在し、わびしい法華宗のお寺があるだけで、芭蕉たちはそのお寺でお茶や燗酒《かんざけ》の接待を受けたものの、寂寥感は胸にしみたと書いている。そして芭蕉は「寂しさや須磨《すま》に勝ちたる浜の秋」と詠んだ。芭蕉が見た「小家」のうちの一棟は産小屋だったに違いない。私は、我田引水的にそのように考えてしまうが、恐らく芭蕉は産小屋を見たと思う。粗末な小屋と思った程度で、実際に産小屋と教える人もなく、気がつかないままであったろう。芭蕉が目にした産小屋は藁《わら》葺《ぶ》きであったはずであるが、現在残る色浜の産小屋は瓦葺《かわらぶ》きの簡素な建物で、集落のはずれに移転保存されている。福井県指定の有形民俗文化財である。

＊

敦賀半島の産小屋の多くは、昭和三十年代まで使用され続け、建物自体は昭和五十年代まで残った。しかし、産小屋は近隣の家に払い下げたり、違う利用に供されているうちに老朽化し、過去の遺物として取り壊されていった。現在、私たちはその産小屋を利用した女性たちの体験談を聞くことができる。

　安産の神として知られる常宮神社そばの常宮集落では、かつて産小屋には力綱《ちからづな》が天井から下がっていた。私が話をお聞きした山本アキエさん（昭和四年生まれ）によると、昔は「うつ向かんといかん」と言ってうつむいて産んだが、集落内の「巧者《こうしゃ》もん」と呼ばれる手先の器用な老婆が赤子を取り上げてくれた。二十日間は産小屋で過ごすが、その間、実家の母親が一緒にいてくれたり、食事の世話もしてくれたので、「楽で隠居したみたいだ」といい、のんびり安楽な期間を過ごした。男性は産小屋に近づいても良くないとされた。昔の人は産婦が身体を休めるのに二十日くらいは掛かると考えた。

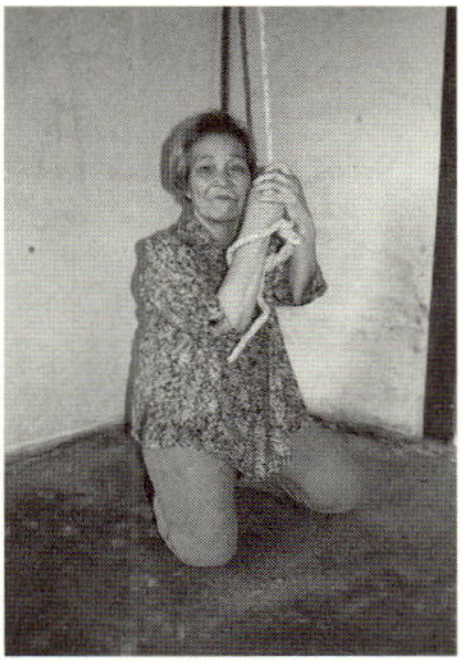
力綱を使って出産（再現）

　白木集落では、自宅で出産してから産小屋へ移った。昭和初年生まれの女性たちの姑にあたる世代（明治末年生まれ）は産小屋で出産したという。そして、戦後、病院出産になってからは病院で一週間ほどいるが、産婦はタクシーで帰ってくると、すぐに産小屋へ入った。昭和四十年ごろまでその慣習は続いた。

伊吹島のデーベヤ

　香川県観音寺市の伊吹島《いぶきじま》では、恩賜財団慶福会からの下賜金を基に、昭和五年（一九三〇）、六畳六間の「伊吹産院」を建築した。かつて存在したデーベヤ（出部屋）を近代的建築にリメイクしたものであったが、島民はその産院を伝統的呼称であるデーベヤと呼び慣わしている。この島では出産は自宅で行った。取り上げるのはトリアゲバアサンと言われる巧者な女性で、昭和十年代から島には二人の取り上げ婆さんがいた。一人は目の不自由な老婆であった。翌日は方角を占って、産婦を先頭に女性十数人が生活用具を担いでデーベヤ入りをした。先頭の産婦は魔除けとして包丁などを片手に持って歩いた。

＊

デーベヤで産婦は三〇日間を過ごす。男子禁制でそれは厳重に守られていた。デーベヤにいる間、生後七日目には名付けの祝いをし、一五日目にウケジャメシを作って親戚や産婆に配った。そしてデーベヤを出てからはデーベヤ仕舞の振る舞いをする習わしがあった。

＊

戦後、助産婦二人が活躍するようになると、彼女ら助産婦は産後すぐに歩くことの危険を説いて、デーベヤで出産するように働きかける。その結果、昭和三十一年（一九五六）に分娩室を設けるなど近代医療化が推進された。座産から仰臥位出産に変化するのもこのころである。

しかし、このデーベヤ出産が軌道に乗るころには、時代の趨勢として若い妊産婦は医療施設での出産を希望するようになり、観音寺市をはじめとする島外の産婦人科医院で出産する女性が増えた。そして、デーベヤでの出産は昭和四十五年（一九七〇）を最後に幕を閉じた。

デーベヤの食事風景（『婦人倶楽部』（1961年5月号より転載）

初版　あとがき

男性産婆について、一つの形にしたいという思いがあった。社会評論社の板垣誠一郎氏が、群馬県立文書館が発行する『ぐんま史料研究』二一号を目に止めたことで本書が誕生することになった。私の論文は一般の人が目に触れる機会の少ない研究雑誌に掲載していたから、これほど早く願いが実現するのは、うれしいの一語に尽きる。

本書は三部構成とした。第一部は「いのち」について、私の考えを記した小論二本を最初に置いた。「出産から学ぶ民俗」では、出産に関する民俗文化について群馬県の事例を中心に分かりやすい記述を心がけた。各地で行われる出産儀礼について理解を深めていただければ幸いである。第二部では産育の歴史を取り上げ、トリアゲバアサンから助産師までの歩みを民俗学の立場から簡潔にまとめた。青森県八戸の事例に関する論文は、文書史料の中に散見する出産習俗について論述してみた。第三部は、本書の中核を成すが、男性産婆について調査研究を進めてきた現時点における全貌と言えよう。

今秋、前橋市粕川町込皆戸の秋祭りで上演された人形芝居の三番叟《さんばそう》を見学した。ここは私が男性産婆を調査した最初の地である。保存会長に男性産婆の中谷金造について尋ねたところ、会長から「サンバソウをやっていた人かい？」と逆に質問されてしまった。若い会長は男性産婆を知らなかった。そばにいた座員が「中谷昇さんちのことだんべ、親に聞いたことがある」と教えていたが、知る人がいたと安心するのもつかの間、「先日、昇さんは亡くなった」という。貴重な伝承者がこの世から永遠に消えてしまった。ここで男性産婆の調査は緊急性が高いと思った。

本書によって、男性産婆の事例が全国各地から寄せられ研究が深まることを祈りたい。まずは事例を集めることである。男性産婆というのは、決して奇を衒《てら》うテーマではなく、当該地域社会では当たり前に存在していた日常生活上の事実なのである。その存在理由を人びとが貧しかったからとか、僻地《へきち》だったから、という通り一遍の言葉で即断することは許されない。赤子を取り上げる男性について賛否以前の問題として、彼を全面的に信頼し彼に出産を委ねることにした産婦とその家族、そして地域社会があったという歴史的事実をしっかりと記録しておきたいと思った。

本書では、男性産婆の特殊性を浮き彫りにするのではなく、わが国の出産に関する民俗文化について、常識にとらわれない視点から詳細に紹介することに努めた。それが新たな入門的論文集と評される理由である。「出産」という名の本書の誕生を、話者を始めとする関係各位にご報告したい。本書の執筆を終えた今、「いのちの民俗学」についての学びを続ける覚悟を改めて自覚している。

平成二十年十一月吉日

板橋春夫

増補改訂版　あとがき

この書物の初版は、二〇〇九年一月十日に刊行された。「叢書・いのちの民俗学」は、『出産』『長寿』『生死《いきしに》』の三部作で一応の完結をみたが、私自身の調査研究は今も続いている。二〇一一年三月十一日の東日本大震災を経験した私たちは、人や自然の「いのち」というものに対して、いろいろと考えるべき点が多く、いのちの民俗学的研究の必要性を痛感している。

刊行当時は、「出産」という書名の書物を刊行すること自体が珍しいと言われた。出産文化を研究する社会学や文化人類学の研究者の目にとまり、いくつかの研究会やシンポジウムで男性産婆に関して発表する機会を与えられた。初めは驚かれるが、性差と労働の問題などを考える素材としても重要な事例であることが理解されていった。また、この書物を、教科書や参考書として利用してくれる大学教員があると聞く。ありがたいことである。

今回の増補改訂版では、最新の論考を加えて、出産文化史における男性産婆の位置づけを試みた。初版における誤植はもちろん、新資料によって加筆修正も各所で行っている。レイアウトも後から刊行された『長寿』や『生死』のレイアウトに統一している。増補改訂版の刊行にあたっては、社会評論社の板垣誠一郎氏に大変お世話になったので、記してお礼申し上げる。

二〇一二年九月

板橋春夫

初出一覧

※本書収録にあたっては加筆修正を行った。

第1部　出産儀礼

いのちの民俗学―新しい生命過程論の模索―……………「『いのち』の民俗学―新しい生命過程論の模索―」『群馬評論』八九号、群馬評論社、二〇〇二年一月

通過儀礼の新視角……………「通過儀礼の新視角」『国文学解釈と鑑賞』七三巻八号（特集フォークロア研究の最前線）、至文堂、二〇〇八年八月

出産から学ぶ民俗……………『群馬歴史散歩』に「民俗ノートから」と題して連載したものに加筆。「いのちのつながり―胞衣とへその緒―」『武尊通信』八五号、群馬歴史民俗研究会、二〇〇一年三月

第2部　産育の歴史

いのちと出産の近世―取揚婆、腰抱きの存在と夜詰の慣行―……………書き下ろし（群馬歴史民俗研究会と関東近世史研究会の合同例会〈二〇〇八年九月二七日〉で口頭発表）

トリアゲバアサンから助産師へ……………書き下ろし（『誕生と死の民俗学』の第一部第三章「産婆の生活と機能」に大幅な加筆。）

第3部　伝承・男性産婆

トリアゲジサの伝承……「トリアゲジサの伝承―出産に立ち会った男たち―」『日本民俗学』二三二号、日本民俗学会、二〇〇二年一一月

赤子を取り上げた男たち―群馬県における男性産婆の存在形態―……「赤子を取り上げた男たち―群馬県における男性産婆の存在形態―」『群馬歴史民俗』二四号、群馬歴史民俗研究会、二〇〇三年三月

民俗研究と男性産婆……「民俗研究における伝承と記録資料―男性産婆の調査を例として―」『ぐんま史料研究』二一号、群馬県立文書館、二〇〇三年一〇月

男性産婆の伝承―羞恥心の問題を視野に入れて―……「男性産婆の伝承―羞恥心とジェンダーを視野に入れて―」『群馬歴史民俗』二九号、群馬歴史民俗研究会、二〇〇八年三月（新資料を追加し加筆。）

近代出産文化史における男性産婆……「近代出産文化史における男性産婆」『群馬歴史民俗』三一号、群馬歴史民俗研究会、二〇一〇年三月（一部を加筆修正。）

初誕生のころ（昭和 30 年撮影）

コラム

出産とことわざ……書き下ろし（ことわざ学会例会〈二〇〇八年七月一二日〉で口頭発表した一部を収録）

初乳のこと……「初乳のこと」『武尊通信』一〇四号、群馬歴史民俗研究会、二〇〇五年一二月

教養としての民俗学……「教養としての民俗学」『群馬評論』五八号、群馬評論社、一九九四年四月

産屋の調査から……書き下ろし

事項索引

人名索引

著者紹介

板橋　春夫（いたばし・はるお）

民俗学者。

一九五四年群馬県に生まれる。

一九七六年國學院大學法学部卒業。

國學院大學文学部、慶應義塾大学文学部、群馬パース大学保健科学部、群馬大学大学院保健学研究科等の非常勤講師。博士（文学・筑波大学）。

二〇〇九年、第十七回石川薫記念地域文化賞・研究賞受賞。

著書
【単著】『誕生と死の民俗学』（吉川弘文館、二〇〇七年）、『葬式と赤飯―民俗文化を読む―』（煥乎堂、一九九五年）、『平成くらし歳時記』（岩田書院、二〇〇四年）など。
【共著】『民俗学講義』（共著、八千代出版、二〇〇六年）、『葬儀と墓の現在』（共著、吉川弘文館、二〇〇二年）など。

叢書《そうしょ》・いのちの民俗学《みんぞくがく》 1

出産《しゅっさん》

産育習俗《さんいくしゅうぞく》の歴史《れきし》と伝承《でんしょう》「男性産婆《だんせいさんば》」

増補改訂版

２０１２年９月25日　初版第１刷発行

著　者　板橋春夫
発行者　松田健二
発行所　株式会社 社会評論社
〒１１３-００３３
東京都文京区本郷２-３-１０
電話　０３（３８１４）３８６１
ＦＡＸ　０３（３８１８）２８０８
http://www.shahyo.com
装　幀　臼井新太郎
カバー挿画　亀澤裕也
印刷製本　倉敷印刷株式会社

叢書・いのちの民俗学❷

長寿

—団子・赤飯・長寿銭／あやかりの習俗

「長寿」を探り、
みつけた「いのち」。

【第1部　いのちの実感】

民俗学は、身近な生活文化の疑問を解く学問である。人々は普段の何気ない行為やしぐさが、実は大変深い意味があることを知ると一様に驚く。

第1章の「誕生と死の現在」では、私が生まれ育った地域に伝承された誕生と死に関する伝承の数々を紹介し、その意義にも触れる。私自身が事例の一つとなっているのは愛嬌である。誕生と死にみる共通点は「病院」である。そして、誕生も死も「座」から「寝」へという象徴的な変化をみせており、詳細は第一部をご一読いただきたい。

人がこの世に生まれ、亡くなるまでには、さまざまな儀礼や習わしが行われるが、連綿と続けられた儀礼・習俗にはそれなりの意味があることに思い至らねばならない。どの学問でも同じであろうが、先輩がどのような成果を持ち、仲間がどのような研究を発表しているか、常に先行研究を踏まえ、関連する研究に目配りをしておくことは必須である。「研究動向」にはいつも敏感でなければならない。第2章「人生儀礼研究の現在」は、民俗学界における人生儀礼研究の研究動向を把握し、関心のある分野についてさらに学びを深めるための文献案内の役目を果たす。

【第2部　いのちの民俗誌】

「いのちの民俗誌」は、筑波大学に提出した博士論文の一部である。論文は三部構成であり、第一部と第二部は『誕生と死の民俗学』として出版された。しかし第三部は事例研究であり、ボリュームもあったので一書に納められなかった。今回加筆修正し、本書に収録したので、どなたにも読んでいただけるようになった。

博士論文というと堅苦しく難解という先入観があるが、本書に収録した「いのちの民俗誌」は、ライフヒストリー的手法を採用しながら二〇人以上の方々からの聞き書きを再構成したもので、身近な生活伝承に満ちあふれている。豊富すぎる事例のために読み疲れるかもしれないが、私が事例をどのように読み取り、分析していったかという研究プロセスを示したので、研究法を学ぶことも可能であると思う。

【第3部　あやかりの習俗】

第1章「五十五の団子考」は、数え五十五歳で団子を食べる習俗の研究である。五十五の団子という局地的分布を示す民俗事例について考察を進めるために、厄年と長寿儀礼の関連から問題点を探った。年齢や定年などを考える場合に大変興味深い事例であり、あわせて長寿とは何かを考えさせてくれた。

第2章「葬式と赤飯」は、全国に分布する葬式における赤飯の使用例の紹介と分析である。葬式に赤飯を出す、と聞いて常識を疑う人が大勢いるだろう。しかし、葬式に赤飯を用いる地方は意外と多いのである。常識と民俗慣行の関連を考える際の面白いテーマであり、ハレとケガレの問題を考える上でも重要な習俗である。

第3章「長寿銭の習俗」は、葬式に参列した際に紅白のポチ袋をもらって、どうすべきかと悩んだのが研究の契機である。長寿銭は新しい習俗であり、現代の高齢社会を象徴する習俗でもある。長寿銭に関する民俗研究は、身近な疑問解決に役立つ民俗学の実践である。

•定価＝本体2、000円＋税

叢書・いのちの民俗学❸

生《いき》死《しに》

―看取りと臨終の民俗／ゆらぐ伝統的生命観

「いのち」の伝統的な営みは、
ゆらぎはじめた。

【第1部　いのちの人生儀礼】

現代医学が高度に発達しても、人間の生命の不思議にはかなわない。その考えは手塚治虫『ブラック・ジャック』に一貫する思想である。第1章「生死のこと」は、用語の定義を紹介した。

第2章「徒然草にみる生死」は、吉田兼好『徒然草』をテキストに大人の人生哲学書として読み込んだ成果である。『徒然草』は高等学校の古典で習ったが、私の先生は文法が好きで、教科書は数段しか終わらなかった。三十代の公民館勤務時代に古典講座で『徒然草』を取り上げる機会があり、講師の魅力的な指導も手伝って全段を読む機会を得た。そして今回、生死の問題を考えるにあたって関連する段落を読み直した結果、私自身の「いのち」に関する民俗学的視点が深まるという貴重な体験をした。

第3章「いのち観と人生儀礼」は、論文調の書き方をした。そこでは循環的生命観から直線的生命観（連鎖的生命観とでもいうべきか）へ移行しつつあること、それに伴って家から個人へという生死観モデルの組み替えが必要であることを主張している。

【第2部　身体と霊魂の民俗】

私は人が生まれてから死ぬまでの習俗や儀礼に関する研究を志しているが、可能な限り霊魂観によらない視点からの研究を模索してきた。しかし気が付くと霊魂観という大きな手のひらの上にいることが多い。まるで孫悟空がお釈迦様の手のひらの上で動き回っているような感じである。

第1章「名前と人生」は、現在の読みにくい名前の存在に注意しながら、現代的な課題も視野に入れた命名の民俗を取り上げた。第2章「霊魂と箸の伝承」で取り上げた箸やチャブダイなどは生活に密着したテーマであり、霊魂を感じさせる生活文化の事象である。第3章「夜の民俗」は、私自身は会心の作と位置づけ愛着のある論考である。夜の民俗も実は霊魂観に支配されていたのである。第4章「長寿民俗にみる老人観」は、沖縄のトーカチ祝いとカジマヤー祝いを紹介しながら、民俗的な老いの一面を分析した。長寿は必ずしも目出度いものではなく、排除の思考が垣間見られることを指摘しているのがユニークな視点であろう。

【第3部　看取りと死の民俗】

第1章「病気をめぐる民俗」では、病気観を考えながら「病気見舞の本義」と「縁起を担ぐ退院日」に注目した。私たちは太陽暦を用いながら、一方で旧暦と呼ぶ古い暦も享受している。そのために仏滅大安などの六曜は江戸時代には取るに足らないものであったが、旧暦から新暦に変わったことで六曜にゲーム性が生まれた。それが今も私たちの生活を支配し、手帳やカレンダーで大安や友引などをチェックする人は少なくない。私たちは近代的生活のかたわらで何気ない俗信に振りまわされて生きている。それが医療にも大きな影響を与えており、民俗学が医療分野で活躍すべき点が多いことを再認識した。

第2章「看取りと臨終」は、民俗学分野では類例の少ないレポートであったが、現在は時代の要請もあり、介護と老人の問題に関心を持つ研究者も増えた。

第3章「死の儀礼」は、話題性のある散骨や墓じまいなどにも言及しているが、第4章「伝統的葬送習俗」の詳細な聞き書きデータと併せて読むことをお薦めしたい。

•定価＝本体1、900円＋税